Andreas Leinhäupl

BIBEL LESEN

ANDREAS LEINHÄUPL

BIBEL LESEN

EIN WERKZEUGKASTEN FÜR EINSTEIGER

Unter Mitarbeit von
Michael Feuersenger

kbw bibelwerk

Inhalt

Ein Wort vorweg

Liebe Leserinnen und Leser,

die Bibel erzählt Geschichten, die das Leben schreibt. Die Texte aus dem Alten und Neuen Testament sind dabei für uns Heutige manchmal ganz einfach zugänglich und verständlich, manchmal aber auch sperrig und schwer verdaulich. In jedem Fall wollen die Texte aus der Bibel gelesen, verstanden und ausgelegt zu werden. Das vorliegende Buch möchte Sie zu einem intensiven Dialog mit der Bibel einladen. Es möchte Anregungen und Hilfestellungen zum selbstständigen Lesen und Erschließen anbieten und Sie ermutigen, das Buch der Bücher einfach in die Hand zu nehmen und auf diese Weise ihre eigene Beziehung zu ihm zu entwickeln.

Genau wie die Bibel selbst ist der hier vorgestellte Methodenwerkzeugkasten nicht einfach vom Himmel gefallen. Vielmehr handelt es sich um Anregungen zum Lesen und Verstehen biblischer Texte, die schon seit vielen Jahren in Seminaren, Bildungsveranstaltungen und Publikationen zum Einsatz kommen und die im Laufe der Zeit im Dunstkreis des ehemaligen Münsteraner Seminars für Zeit- und Religionsgeschichte des Neuen Testaments immer wieder weiterentwickelt wurden. Die Arbeitsschritte sind sehr stark von der Methodenlehre Wilhelm Eggers inspiriert. Wenn ich nun diesen Prozess im hier vorliegenden Buch zusammenfließen lasse und mit Ihnen – liebe Leserinnen und Leser – teile, möchte ich allen danken, die über die Jahre hinweg gemeinsam am Produktionsprozess und an der Verfeinerung der Methoden beteiligt waren, die in ihren jeweiligen Arbeitszusammenhängen immer wieder mit dem über die Grenzen Münsters hinaus bekannt gewordenen „Münsteraner Methoden-Reader" gearbeitet haben – und mit denen ich die Leidenschaft für die Texte aus dem Alten und Neuen Testament teile: Dr. Daniel Alberto Ayuch, Dr. Jutta Bickmann, Dr.

Martin Faßnacht, Dr. Sylvia Hagene, Dr. Heiner Ganser-Kerperin, Thomas Hoffmeister-Höfener, Dr. Stefan Lücking, Iris M. Blecker, Jesja M. Wiegard und nicht zuletzt unserem gemeinsamen Lehrer Prof. em. Dr. Karl Löning.

Ein besonderer Dank gilt meinem wissenschaftlichen Mitarbeiter Michael Feuersenger, der an einigen Teiltexten mitgearbeitet und die Entstehung des Buches durch vielfältige Diskussionen sowie tatkräftige Unterstützung bei der Literaturbeschaffung begleitet hat. Dem Verlag Katholisches Bibelwerk danke ich für die Möglichkeit, ein solches Methodenbuch zu publizieren, sowie für die angenehme und unkomplizierte Zusammenarbeit.

Und nun wünsche ich Ihnen eine anregende Lektüre des Methodenwerkzeugkastens und hoffe, dass er sein eigentliches Ziel erreicht und Sie beim Lesen der Bibel in vielerlei Hinsicht anregen und unterstützen kann.

Ahlen, im März 2019
Andreas Leinhäupl

1 Eine Einladung

Die Bibel einfach lesen

„Aller Anfang ist schwer!“ So heißt es ja bekanntlich. Das könnte auch für das Lesen der Bibel gelten, muss es aber nicht: Schlagen Sie das Buch doch einfach auf und beginnen Sie zu lesen, entweder ganz am Anfang oder mittendrin. Vielleicht haben Sie ein bestimmtes Anliegen, haben in irgendeinem Zusammenhang eine biblische Geschichte gehört, die sie noch einmal im Detail nachlesen wollen, sind irgendwo im Alltag auf ein biblisches Motiv oder Stichwort gestoßen. Lassen Sie sich nicht abschrecken von dem „dicken“ Buch, sondern beginnen Sie einfach zu lesen.

Wo und wann mit dem Lesen anfangen?

Natürlich kann man die Bibel ganz von Beginn lesen und sich vornehmen, das Buch bis zum Ende durchzulesen – ein sehr ehrgeiziges Projekt, das sehr viel Motivation benötigt, aber im wahrsten Sinne des Wortes natürlich auch den umfänglichsten Eindruck von der vielstimmigen Botschaft, den widerstreitenden Meinungen und den sehr unterschiedlichen theologischen Sichtweisen des biblischen Kanons gibt.

Es bietet sich aber auch an, einzelne zusammenhängende Teile der Bibel

Stichwort Lectio divina

Die Bibel kann auf unterschiedliche Weise gelesen werden. Hinter dem Begriff Lectio divina verbirgt sich eine stark betrachtende Leseform. Sie ist in vier Stufen aufgebaut und umfasst Lesung und Meditation sowie Gebet und Vertiefung. Die Lectio divina versucht, Zugänge zum Wort Gottes zu finden. Dadurch stärkt sie den Glauben und die Beziehung zu Gott und ermöglicht neue Sichtweisen auf das eigene Leben. Ein Mönch hat sie im Mittelalter als „Leiter zu Gott“ bezeichnet. Literatur und praktische Anregungen finden Sie auf den Seiten des Katholischen Bibelwerks.

zu lesen, etwa die Urgeschichte in der Genesis (Gen 1–11) und die Erzelternerzählungen (Gen 12–50, darin unter anderem die Josefsgeschichte Gen 37–50) oder aber einzelne Bücher aus dem Alten und Neuen Testament vorzunehmen (Rut, Judit, Ijob, Jona, Markusevangelium, Apostelgeschichte etc.).

Für die Lektüre der Bibel gibt es viele verschiedene Möglichkeiten: Sie können zu jeder Tages- und Nachtzeit die Bibel aufschlagen und darin stöbern. Sie können sich Zeiten oder Zeiträume vornehmen, in denen Sie Texte aus der Bibel lesen. Vielleicht bietet sich ein Urlaub oder eine Dienstreise dazu an. Wenn Sie nicht alleine lesen wollen, gibt es Menschen in Ihrer Umgebung, mit denen Sie biblische Geschichten lesen und diskutieren können. Wie auch immer: Lesen Sie die Bibel, wie es für Sie gerade passt, sporadisch oder regelmäßig, alleine oder in der Gruppe. Sie werden merken: Das Lesen der Bibel lenkt ab, unterbricht den Alltag und hat gleichzeitig Elementares und viel Lebensnahes im Angebot. Versuchen Sie es!

In welcher Bibelausgabe lesen?

Wenn Sie eine Bibel besitzen, benutzen Sie diese für den Einstieg. Vielleicht finden Sie in Ihrem Bücherregal ein Exemplar, das Sie schon länger begleitet, das Sie schon seit Ihrer Schulzeit besitzen. Vielleicht gibt es aber auch eine Bibel aus dem Familienschatz, ein Exemplar, das schon Ihre Eltern oder Großeltern gelesen oder zumindest besessen haben und mit dem Sie möglicherweise bestimmte Erinnerungen verbinden. Lesen Sie darin! Aber Achtung: Es könnte sein, dass die (alte) Sprache Sie abschreckt, dass die Geschichten Ihnen auf den ersten Blick unverständlich sind, dass die Texte einfach viel zu klein gedruckt sind, dass Sie möglicherweise auch negative Erinnerungen an eine der zuvor genannten Exemplare haben. Es gibt viele verschiedene Formen der Bibelübersetzung, aus denen Sie das richtige Exemplar für sich heraussuchen und finden können: Bibeln, die sehr eng an den Originalsprachen des Alten und Neuen Testaments übersetzen; Bibeln, die eine sehr junge und einladende Sprache verwenden; Bibeln, die vom Sprachduktus eher spirituell ausgerichtet sind; aber auch Bibeln, die spezielle Altersgruppen ansprechen sollen. Auf den Seiten des Katholischen Bibelwerkes (www.bibelwerk.de) finden Sie eine riesige Auswahl mit entsprechenden Hintergrundinformationen. Für unsere gemeinsame Methodenschule scheint mir das im Folgenden kurz vorgestellte Exemplar besonders geeignet zu sein, weil es eben auch für den liturgischen Gebrauch sowie für die Bibelarbeit in den unterschiedlichsten Gruppenzusammensetzungen geeignet ist.

Lesetipp: „Übersetzen – üb' Ersetzen!", Bibel und Kirche 69 (2014).

Die Neue Einheitsübersetzung – Ein Angebot

Zwei Begriffe mögen an der Überschrift dieses Abschnitts vielleicht überraschen: weniger der Begriff „Übersetzung" als dessen Kennzeichnung „neu". Wie kann es sein, dass ein Buch, das über 2000 Jahre alt ist und die wahren Geschichten sowie die geschichtlichen Wahrheiten von Gott und den Menschen verkündet, offensichtlich nicht nur vielfach übersetzt, sondern die Übersetzungen auch redaktionell bearbeitet worden sind?

Im Umgang mit dieser spontanen Irritation ist es hilfreich, sich die verschiedenen Funktionen einer Übersetzung klar zu machen. Das ist zum einen die wortgetreue Wiedergabe in einer bestimmten Sprache und überrascht weniger, denn das Wort Gottes soll in allen Sprachen verkündet werden.

Stichwort Kanon

Der Begriff Kanon bezeichnet die in der Bibel versammelten Schriften. Seit dem 4. Jahrhundert n. Chr. liegt der Kanon in der uns bekannten Form vor. Erst im Jahre 1546 fand auf dem Konzil von Trient die Dogmatisierung des Kanons statt. Er umfasst alle Bücher des Alten und Neuen Testaments, die den frühen Christen wichtig gewesen sind. Welche Bücher aufgenommen und wie sie angeordnet worden sind, ist das Ergebnis eines langen Aushandlungsprozesses. Der Kanon ist insofern auch ein wichtiges Glaubenszeugnis. Er ist verbindlich und bewahrt den Glauben der Kirche.

„Übersetzen“ kann jedoch auch „umwandeln“ oder „übertragen“ heißen. Dann geht es darum, einen literarischen Text so zu übersetzen, dass er auch in der Übersetzung eine gültige sprachliche Gestalt behält. Auf die Bibel bezogen bedeutet das, dass der Kanon, also die Anordnung der einzelnen Bücher, sowie deren Inhalte unverändert bleiben, während sich der sprachliche Ausdruck wandeln kann. Diese Dynamik verbürgt eine wichtige Voraussetzung für hermeneutische Aneignung. Damit ist gemeint, dass die biblischen Texte verständlich bleiben müssen. Sie bedürfen einer Einordnung in Verstehens-, Sinn- und Deutungshorizonte einer jeweiligen Zeit. Und das gelingt bei Texten am zuverlässigsten über die Sprache.

[35]Am Tag darauf stand Johannes wieder dort und zwei seiner Jünger standen bei ihm. [36]Als Jesus vorüberging, richtete Johannes seinen Blick auf ihn und sagte: Seht, das Lamm Gottes! [37]Die beiden Jünger hörten, was er sagte, und folgten Jesus. [38]Jesus aber wandte sich um, und als er sah, dass sie ihm folgten, sagte er zu ihnen: Was sucht ihr? Sie sagten zu ihm: Rabbi – das heißt übersetzt: Meister –, wo wohnst du? [39]Er sagte zu ihnen: Kommt und seht! Da kamen sie mit und sahen, wo er wohnte, und blieben jenen Tag bei ihm; es war um die zehnte Stunde (Joh 1,35–39).

Im deutschsprachigen Raum markiert die *Neue Einheitsübersetzung* (im Folgenden „neue EÜ“) den jüngsten Meilenstein dieser Entwicklung. Im Frühherbst 2016 wurde sie vorläufig fertiggestellt; während der Entstehung des vorliegenden Methodenbuchs, im Advent 2018, wurde sie liturgisch verbindlich.

Allen vorgenommenen Revisionen ist gemeinsam, dass sie eine hohe Sensibilität für geltende Dispositive aufweisen. Anders ausgedrückt, bewegen sie sich auf der Sichtachse der Gegenwart und ringen darum, den aktuellen kulturellen Horizont unserer Sprachgemeinschaft in eine vitale Beziehung zu den biblischen Urtexten, ihren Entwicklungen und den darin offenbarten und gläubig bezeugten Wahrheiten zu setzen – ein heikles Projekt. Dieses Ringen bewegt sich permanent zwischen Wort und Botschaft, Text und Sinn. Prominente Beispiele sind etwa eine angemessene Übersetzung des biblischen Gottesnamens, des Motivs der Jungfräulichkeit Mariens oder des Dienst- und Ämterverständnisses der Kirche; die textlich legitimierte Auslotung jüdisch-christlicher und ökumenischer Brückenschläge genauso wie die geschlechtergerechten Formulierungen. Hier flackern bereits zwei Merkmale auf, die für die neue EÜ signifikant sind: zum einen eine gründliche Vergewisserung über die textlichen Ursprünge und darüber hinaus die Wiederentdeckung der Sprache als Medium theologischer Auseinandersetzung.

Ein näherer Blick richtet sich an dieser Stelle beispielhaft auf die Perikope Joh 1,35–39, genauer gesagt auf einen Schlüsselsatz (Joh 1,38). Diese Auswahl liegt nahe, da das Johannesevangelium auch im Fortgang dieses Buches immer wieder eine zentrale Rolle spielen wird. Vorrangig ist jedoch, dass Joh 1,38 ein wesentliches Anliegen der neuen EÜ erhellt, das schon im Zusammenhang mit der Skizzierung der großen Leitlinien der Überarbeitung angeklungen ist. In dieser Szene trifft Jesus auf Johannes und zwei seiner Jünger; als er bemerkt, dass die drei ihm folgen, wendet er sich ihnen zu und fragt sie etwas. Die Übersetzung der Frage, die Jesus stellt, ist in der Einheitsübersetzung von 1980 und in der neuen EÜ unterschiedlich – und darin schlummert ein bemerkenswertes Detail. Die Version von 1980 gibt die Frage Jesu mit „Was wollt ihr?" wieder, die neue EÜ hingegen gebraucht an derselben Stelle ein: „Was sucht ihr?" Hier kommt zur Darstellung, was als etwas wie das theologische Programm gelten kann, das sich die neue EÜ gegeben hat. Dieses Programm verschreibt sich bewusst sehr stark einer Spiegelung der Theologien der einzelnen biblischen Schriften. Im Zusammenhang mit Joh 1,38 wird das deutlich, wenn man weiß, dass das Verb „suchen" noch öfter im Johannesevangelium vorkommt und die Einsatzfunktion dabei sogar vom anfänglichen Was-Suchen zum Wen-Suchen wechselt.

Die neue EÜ steht nicht im Verdacht, leichtfertig irgendeinem Zeitgeist das Wort zu reden. Was sie jedoch sein möchte, ist zeitgemäß. Damit ist der Anspruch verbunden, die Höhe des Wissens über die biblischen Texte und ihre Sinnebenen sprachlich zu aktualisieren und zum Ausdruck zu bringen. Ihr tatsächlicher Reichtum ist schließlich ihre deutlich spürbare theologische Durchdringung. Sie schenkt die unveränderliche göttliche Offenbarung weiter. Hier entsteht eine theologisch-exegetische Doppelperspektive, die durchaus von missionarischem Geist erfüllt ist. Denn jede Bibelübersetzung dient der Verkündigung der „Heilsmysterien und betrifft die Gläubigen unserer Zeit und deren Leben. Wenn ein Wort oder ein Ausdruck die Wahl zwischen mehreren Übersetzungsmöglichkeiten bietet, soll man sich unter steter Wahrung der Treue gegenüber dem Originaltext darum bemühen, dass die gewählte Variante den Zuhörer befähigt, sich selbst und Züge seines Lebens möglichst lebendig in den Personen und Ereignissen des Textes wiederzuerkennen“ (Liturgiam authenticam 42). Diesem Auftrag des Zweiten Vatikanischen Konzils ist die neue EÜ wieder nähergekommen, darin besteht ihr wesentlicher Verdienst.

Lesetipp: Söding, Thomas: Die Bibel für alle. Kurze Einführung in die neue Einheitsübersetzung, Freiburg 2017 und „Die neue Einheitsübersetzung“, Bibel und Kirche 72 (2017).

Das Johannesevangelium als Kopiervorlage und das Buch Jona als Testfeld

Um Ihnen im Folgenden den hier ausgewählten Methodenbaukasten an Beispielen zu erläutern, habe ich mich entschieden, mit Ihnen das Johannesevangelium (Joh) zu lesen. Dieses Buch fasziniert mich seit vielen Jahren aufgrund seiner ganz eigenen sprachlichen und theologischen Dichte und Prägnanz. Es ist für mich so etwas wie ein Begleiter geworden, der mir persönlich immer wieder guttut und mit dem ich in unzähligen Seminaren, Fortbildungsveranstaltungen und Bibelgruppen viele existenzielle Erfahrungen machen durfte und immer wieder eindrucksvolle Diskussionen zu einzelnen Geschichten erlebt habe. Ich möchte das Johannesevangelium als Kopiervorlage nutzen: Die einzelnen Methodenschritte werde ich durchgehend am Beispiel der Geschichte von der Heilung des Blindgeborenen (Joh 9) illustrieren. Auf diese Weise entsteht ein kontinuierlicher Eindruck, welchen Fortschritt die Beschäftigung mit den einzelnen Methoden aus dem Baukasten haben kann.

„Zweifelsohne gehört das Johannesevangelium zu den höchsten literarischen und theologischen Leistungen der neutestamentlichen Literatur. Die Tiefe, der Scharfsinn und die Neuheit des theologischen Denkens, das dieses Werk kennzeichnet, die Schönheit und das erstaunliche Sinnpotenzial seiner Sprache, die oft übersehene Feinheit und Stringenz der entfalteten Argumentation faszinieren den Leser stets von Neuem" (Jean Zumstein).

Mein Vorschlag zu Beginn: Lesen Sie das Johannesevangelium! Der emeritierte Mainzer Neutestamentler und ausgewiesene Johannes-Spezialist Ludger Schenke hat einmal mit Schauspielern des Mainzer Staatstheaters das Johannesevangelium als Lesedrama auf die Bühne gebracht. Die gesamte (Vor)Lesezeit hat ungefähr 150 Minuten gedauert. Die Lektüre des Evangeliums müsste also in ein paar Etappen gut zu schaffen sein! Gehen Sie ganz unvoreingenommen an das Buch heran, lassen Sie sich auf die wunderbare Sprachwelt des Evangeliums ein und freuen Sie sich auf besondere Figuren und deren Begegnungen mit Jesus von Nazaret, die es so in den anderen drei Evangelien nicht gibt.

Lesetipp: Schenke, Ludger: Das Johannesevangelium. Vom Wohnen Gottes unter uns, Freiburg 2018.

Damit Sie auch ein Buch aus dem Alten Testament in die Hand nehmen und sehen, dass die vorgestellten Lektüre- und Analyseverfahren für beide Teile der Bibel gleichermaßen anwendbar sind, habe ich zusätzlich das kleine Büchlein Jona ausgewählt. Für die Lektüre dieser alttestamentlichen Schrift erhalten Sie am Ende jedes Arbeitsschrittes eine kleine Aufgabe sowie einige Leseanregungen, sodass Sie sich selbstständig mit diesem Buch auf den Weg machen können.

2 Eine theoretische Vergewisserung

Wie Lesen und Verstehen funktionieren

Texte! Immer wieder Texte!

Fragmente der biblischen Texte schwirren durch die Köpfe fast aller Menschen, die irgendwann irgendwie in Kontakt mit der christlichen Tradition gekommen sind. Als Kind hörte man die biblischen Geschichten in der Kita oder im Sonntagsgottesdienst, in der Schule wurden Bilder gemalt und Spiele gespielt, gegen Ende der Schulzeit aus manchen Texten Argumente geformt, manche Texte blieben als Lieder oder Filmszenen in Erinnerung. Manchmal bleiben diese Textfragmente unverbunden nebeneinander stehen, manchmal vermischen sie sich bis zur Unkenntlichkeit. In der Regel aber scheint es so, dass sich die Lektüre der Bibel eigentlich nicht mehr lohnt, weil eigentlich alles Wesentliche gelesen und verstanden ist.

Eigentlich ... Denn bei dem Wagnis einer erneuten Lektüre stellt sich dann manchmal Überraschung ein. Einer der bekanntesten Texte im Johannesevangelium ist die Hochzeit zu Kana (Joh 2,1–11). Und der eine oder die andere wird sich an die Begegnung mit diesem Text in Schulstunden, Gruppenstunden oder Hochzeitsgottesdiensten erinnern. Der Text ist in der Einheitsübersetzung überschrieben mit „Das erste Zeichen Jesu in Kana in Galiläa", und wenn wir ihn erzählen müssten, würden wir sehr komprimiert sagen: Da hat Jesus bei einer Hochzeit Wasser in Wein verwan-

> „Ein guter Text ist ein Gespräch und löst Gespräche aus" (Dieter Bauer).

delt. Und in der Tat stehen Wasser und Wein im Mittelpunkt der Geschichte. Aber mehr noch: Es geht um verschiedene Zugänge zur Person Jesu, um einen Dissens zwischen Mutter und Sohn, um eine Mutter, die ohne jeden Zweifel zu ihrem Sohn steht, um einen Speisemeister, der über die plötzliche Weinflut verwundert ist und mit einer unkorrekten antiken Weinregel versucht, das Geschehene zu erklären. Am Ende stellen wir möglicherweise fest, dass gar nicht das sogenannte Weinwunder die zentrale Aussage dieser Geschichte markiert, sondern dass es vielmehr um zwei gegensätzliche Zugänge zur Lebenswirklichkeit und zum alternativen Ansatz der Jesusbewegung geht.

Der gleiche Text? Ja. Die gleiche Lektüre? Nein. Das Wagnis einer erneuten Lektüre scheint sich also zu lohnen – denn sie verändert mehr als nur das Wissen des Lesers. Die erneute Lektüre verändert sie selbst. Die erneute Lektüre fordert dazu heraus, zu diesem Text neu Stellung zu beziehen, gewohnte Sichtweisen zu verändern, Wirklichkeit anders wahrzunehmen, vielleicht sogar das eigene Verhalten in der Alltagswelt zu verändern.

Was ist ein Text und was heißt es, einen Text zu lesen?

Wenn Menschen Texte produzieren, dann schaffen sie damit Werkzeuge, um ihre Lebenswirklichkeit zu gestalten. In einer konkreten Situation formuliert ein Autor mit einer Auswahl aus den Möglichkeiten, die ihm die Sprache zur Verfügung stellt, einen Text auf einen Adressatenkreis hin, der diese Situation mit ihm teilt. Schriftliche Texte bezeugen so menschliche Handlungen und können Bestandteile menschlicher Handlungen sein. Jeder Text ist in gewisser Weise zeitlos, weil er zwei unterschiedlichen Situationen angehört: zum einen der Situation des Autors, zum anderen der Situation des Lesers. Dies gilt schon, wenn auch kaum wahrnehmbar, in der Situation einer direkten Kommunikation von Angesicht zu Angesicht – die Lebenswelten der Beteiligten sind ja nicht identisch, sondern individuell. Wenn die Lebenswelten zeitlich und räumlich voneinander getrennt werden, bleibt nur die Gegenwart des Textes: In beiden Situationen ist der Text stets gegenwärtig, sodass er als Text der Zeit enthoben ist. Für unsere Zwecke kann eine formale Definition des Textes lauten: Ein Text ist die linear strukturierte Abfolge von Wörtern und Sätzen, die aufeinander bezogen sind. Der Text ist als Element einer Handlung in einer bestimmten historischen Situation entstanden und wird in einer davon räumlich und zeitlich getrennten Situation neu gelesen und wieder in ein Handlungselement umgewandelt.

In einer konkreten Lesesituation kann der Text so auch in einer doppelten Weise gelesen werden: Einmal in einer „naiven" Weise, die den Text Wort für Wort liest und versteht. Zum anderen in einer kritischen Weise, die versucht, bei der Lektüre die Spuren der Situation des Text-Entstehens im Text zu entdecken.

Praktisch umgesetzt bedeutet dies: Wenn ich mich als Leserin und Leser auf einen Text ganz einlasse, meine Lektüre gänzlich von den Vorgaben des Textes leiten lasse, unternehme ich gleichsam den Versuch, in die Welt dieses Textes einzutreten. Dabei nehme ich den Text ganz ernst als Versuch, sich mit mir über einen Weltentwurf, über eine mögliche Wirklichkeit zu verständigen. Die exegetische Lektüre biblischer Texte verortet sich auf genau dieser Ebene einer kritischen Lektüre der Texte, und zwar aus dem Interesse am Nachvollzug der ursprünglichen kommunikativen Handlung, von der diese Texte Zeugnis ablegen. Dabei werden diese Texte verstanden als die konkrete Form des kulturellen Gedächtnisses, aus dessen gemeinsamen Besitz die Identität einer bestimmten sozialen Gruppe erwächst – in diesem Falle der Christinnen und Christen.

„Texte sind Geschenke. Sie sind Mitteilung einer Person an uns als Adressaten. Für Geschenke bedarf es der Wertschätzung, die sich richten kann auf die Beziehung oder auch auf den Inhalt. Dies gilt in noch vertieftem Maße für biblische Texte als göttliche Mitteilung" (Georg Fischer).

Wie Lesen und Verstehen funktionieren

„Verstehst du auch, was du liest?“, wird der äthiopischen Kämmerer in der mittlerweile legendär gewordenen Episode aus der Apostelgeschichte (Apg 8,26–39) von Philippus gefragt, als dieser ihn im Propheten Jesaja lesen sieht. Die Antwort des Hofbeamten: „Wie könnte ich es, wenn mich niemand anleitet?“ Das kurze Beispiel macht klar, dass es beim Lesen immer auch gleichzeitig um das Verstehen des Gelesenen, um Bedeutung und Sinn geht. Aber wie funktioniert das genau? Die These lautet: Ein Text wird verfasst, um gelesen zu werden. Erst wenn er gelesen wird, hat er wirklich Sinn. Ein solcher Ansatz bringt zum Ausdruck, dass ein Text für sich alleine noch nicht ausreicht, um seinen vollen Sinngehalt aufzudecken, vielmehr gehören Text und Leser untrennbar zusammen. Damit ist gleichzeitig auch etwas über den Autor ausgesagt: Er schreibt den Text, verwirklicht darin eigene Ideen und Weltentwürfe, bezieht die Bedingungen seines Adressatenkreises, so gut es geht, mit ein, verfolgt eine Strategie. Aber: Wenn der Autor seinen Text vollendet und veröffentlicht, verliert er seine Autorität über den Text und der Leser ist gefragt, die Sinngehalte zu aktualisieren, sie mit seiner eigenen Lebenswirklichkeit in Kontakt zu bringen. Der Leser konstituiert Sinn durch Interesse, Aufmerksamkeit und Kompetenz. Und das alles gilt auch für die Texte aus dem Alten und Neuen Testament.

> „Wenn also fünfzig Prozent eines Buches vom Leser geschrieben sind, folgt daraus, dass das Buch umso besser wird, je begabter dieser Leser ist und je mehr Liebe er auf die Lektüre verwendet“ (Olof Lagercrantz).

Lesetipp: Müller, Peter: „Verstehst du auch, was du liest?“ Lesen und Verstehen im Neuen Testament, Darmstadt 1994.

Welche Leserinnen und Leser sind eigentlich gemeint?

Nun stellt sich als Nächstes die Frage, wie das zuvor beschriebene Modell aus dem Text heraus verständlich zu machen ist – und von welchem Leser wir eigentlich sprechen. Dafür müssen wie im Wesentlichen zwei Unterscheidungen treffen:

(1) Es ist einmal zu unterscheiden zwischen der textexternen Ebene, also dem realen und geschichtlich greifbaren Autor und Leser aus Fleisch und Blut, und der textinternen Ebene, also denjenigen Größen, die unabhängig von historischer Realität im Text selber auffindbar sind.

(2) In Bezug auf die textinternen Instanzen müssen wir wiederum unterscheiden zwischen den expliziten Autor- und Leserinstanzen (wie etwa dem Ich-Erzähler und dem angesprochenen Du) und dem sogenannten impliziten Autor und Leser, einem Konstrukt, mit dessen Hilfe wir sämtliche im Text vorstellbaren Sinnangebote darstellen können.

Wenn wir das auf das Johannesevangelium übertragen, heißt das Folgendes: Es gibt einen realen Autor oder ein Autorenkollektiv (in der Tradition „Johannes" genannt) sowie eine reale Gruppe oder Gemeinde am Ende des ersten Jahrhunderts, für die dieses Buch geschrieben wurde (vgl. dazu die Ausführungen in Kapitel 4). Innerhalb des Johannesevangeliums gibt es eine explizite Leserinstanz, die wir in Joh 20,31f. („... damit *ihr* glaubt") sowie eine explizite Autoreninstanz, die in 21,24f. („Dies ist der Jünger, der all das bezeugt und der es aufgeschrieben hat") oder in den vielen Autorenkommentaren sichtbar wird. Mit dem impliziten Autor und dem impliziten Leser als Konstrukte im Text sind für das Johannes-

Stichwort „Der Leser"
Da wir im Blick auf den historischen Autor und den historischen Adressatenkreis im Bereich des Hypothetischen bleiben und im Bereich der Analysen deshalb eigentlich immer den sogenannten „impliziten Autor" und den „impliziten Leser" als literarisches Konstrukt im Blick haben, habe ich mich entschieden, durchgehend von „Autor" und „Leser" zu sprechen – es sei denn, ich komme mit Ihnen, liebe Leserinnen und Leser, direkt ins Gespräch!

evangelium alle möglichen Lese- und Interpretationsansätze abgesichert – so ergeben sich im Blick auf die Hochzeit zu Kana eine Vielzahl von Möglichkeiten, die Situation weiterzudenken, in der Jesus seine Mutter so schroff behandelt und die Mutter trotzdem vorbehaltlos zu ihrem Sohn steht.

Lesetipp: Die Klassiker sind hier Link, Hannelore: Rezeptionsforschung. Eine Einführung in Methoden und Probleme, Stuttgart ^{2}1980; Iser, Wolfgang: Der implizite Leser, München 1979.

Text und Wirklichkeit – Zwei Welten treffen aufeinander

Und noch ein letzter Punkt: Wir sollten uns bei der Lektüre biblischer Texte klar machen, dass dort nicht die (historische) Wirklichkeit eins zu eins abgebildet wird. Vielmehr entsteht in den Texten eine sehr bewusst gesteuerte Konstruktion von Wirklichkeit, die zwar einerseits natürlich auf die historischen Rahmenbedingungen des Autors und des Lesers zurückgreift, andererseits aber gleichermaßen nur als individueller Entwurf verstehbar ist. Wenn wir zugrunde legen, dass die biblischen Texte also verschiedene Formate von Erinnerung und Identität abbilden, entsteht über sie tatsächlich so etwas wie ein Sonderfall gesellschaftlicher Wirklichkeit – und das in der ursprünglichen Kommunikationssituation genauso wie für uns Heutige.

Wenn wir das auch noch einmal an unserem ersten Beispiel der Hochzeit zu Kana festmachen wollen, bedeutet das Folgendes: Es wird in Joh 2,1–11 ja weder das eigentlich Hochzeitsfest beschrieben noch werden die für eine Hochzeit notwendigen Personen eingeführt, geschweige denn verschiedene für eine Hochzeit relevante Details genannt. Es geht vielmehr darum, auf der Grundlage einer Hochzeitsfeier den inneren Kern der gerade neu entstandenen Jesusbewegung vorzustellen und – wie in Joh 2,11 explizit formuliert – „die Offenbarung der Herrlichkeit Jesu“ sowie den daraus resultierenden Glauben der Jünger zu inszenieren.

3 Ein Überblick über den Baukasten

Biblische Texte mit Methode lesen

Im Übergang von der spontanen Lektüre zum methodisch reflektierten Lesen kommt die Bibelwissenschaft ins Spiel, genauer gesagt die *Exegese*. Dabei geht es nicht darum festzustellen und vorzugeben, wie ein biblischer Text auszulegen oder zu verstehen sei, sondern vielmehr darum, den Leser zu ermutigen und immer wieder neu anzustoßen, sich mit den biblischen Texten zu beschäftigen, sie im Blick auf ihre eigene Lektüre begabter zu machen und darauf hinzuweisen, dass die Auslegung und Interpretation im Prinzip ein stets unabgeschlossener Vorgang ist.

Stichwort Exegese
Unter Biblischer Exegese werden die wissenschaftliche Erschließung und Auslegung biblischer Texte des Alten und Neuen Testaments verstanden. Die Exegese bedient sich eines reich gefüllten methodischen Werkzeugkastens. Außerdem integriert sie in ihre Forschungen die Erkenntnisse anderer Wissenschaften wie der Archäologie oder der Geschichts- und Literaturwissenschaft. Die zentralen Aussagen, Inhalte und Strukturmerkmale eines Textes sollen für Leserinnen und Leser der Bibel verdeutlicht und zugänglich gemacht werden. Eine fachlich fundierte Beschäftigung mit der Bibel begleitet das Leben der Kirche seit der frühen Christenheit.

In der Exegese wird grundsätzlich unterschieden zwischen der sogenannten *diachronen* Textanalyse, die in erster Linie nach der historischen Wachstumsgeschichte der Bibeltexte fragt und dem ursprünglichen Sinn auf die Spur kommen möchte, und der *synchronen* Textanalyse, die auf der Grundlage von moderner Literaturwissenschaft den Text in seiner (heute) vorliegenden Endgestalt ernst nimmt und sich daran abarbeitet, ohne dabei auf die historische Verortung und den religionsgeschichtlichen Zusammenhang des jeweiligen biblischen Buches zu verzichten. Die in diesem Buch vorgeschlagenen Methoden beziehen sich im Wesentlichen auf die Methoden der synchronen Textanalyse, denn diese Leseanregungen bieten sich zur individuellen Auseinandersetzung mit biblischen Texten an, eignen sich aber gleichermaßen auch für die gemeinsame Lektüre in Gruppen. Die diachronen Arbeitsschritte werden in den Stichwort-Kästen in aller Kürze vorgestellt.

Der Methodenbaukasten besteht aus einzelnen Zugängen zu biblischen Texten, bildet aber insgesamt ein in sich schlüssiges und aufeinander aufbauendes System der Textanalyse. Die Methoden sind zielführend angelegt, nehmen jeweils einen eigenen, spezifischen Aspekt des (biblischen) Textes in den Blick, führen nach und nach sehr behutsam immer tiefer in den Text hinein und ermöglichen so einen sich ständig weiterentfaltenden Zugang zu den Texten aus dem Alten und Neuen Testament.

Der Baukasten umfasst insgesamt sieben große Bereiche, die jeweils für sich wiederum mehrere feinere Werkzeuge für die Lektüre bereitstellen. Im Überblick sieht das folgendermaßen aus:

Spontananalyse	→	Begegnung auf den ersten Blick
Sach- und Situationsanlayse	→	Hintergründe in Erfahrung bringen
Vorbereitende Schritte der Analyse	→	Sich den Text zurechtlegen
Sprachlich-strukturelle Analyse	→	Wörter, Sätze, Textbausteine
Semantische Analyse	→	Motive, Bedeutungslinien, Erzählstrukturen
Pragmatische Analyse	→	Bibeltext als Element der Kommunikation
Abschließende Interpretation	→	Ergebnisse, Auswertung, Perspektiven

In der *Spontananalyse* findet die erste Begegnung mit dem ausgewählten Bibeltext statt. Hier werden Vorerfahrungen reflektiert, erste Leseeindrücke zusammengestellt und Fragen gesammelt. Kurz: Sie machen sich mit dem Text bekannt.

Aus den entstandenen Fragen ergibt sich der Wunsch nach Klärung und damit auch nach möglichen Hintergrundinformationen. Hierzu dient die *Sach- und Situationsanalyse.* Neben den Antworten auf Ihre Fragen tragen Sie Informationen zur Entstehungszeit, zum Autor, zum Adressatenkreis und weitere wichtige Fakten zusammen, die für die weitere Lektüre und das Verstehen des Bibeltextes sehr hilfreich sind.

Mit den *vorbereitenden Schritten der Analyse* legen Sie sich den Text zurecht. Sie prüfen unter anderem, ob der gewählte Textabschnitt in sich schlüssig ist, in welchem biblischen Buch und an welcher Stelle er dort steht. Und Sie erarbeiten sich eine übersichtliche Textversion für die folgenden Arbeitsschritte.

Die *sprachlich-strukturelle Analyse* ist der neutralste Weg zum Verstehen eines Bibeltextes. Anhand von klassisch sprachlichen Kriterien wird die Oberfläche des Textes analysiert, sodass Sie immer weiter in ihn hineinsteigen und am Ende dieses Arbeitsschrittes auch eine verlässliche Feingliederung erstellen können.

In der *Semantischen Analyse* geht es um Inhalte und Bedeutungen. Hier beschäftigen Sie sich mit Sinnlinien und Wortfeldern sowie mit der Bedeutung einzelner Wörter und Ausdrücke. Ein Spezialfall ist hier die Narrative Analyse, die sich nur auf erzählende Texte bezieht. Da der größte Teil der uns begegnenden Texte aus dem Alten und Neuen Testament Erzähltexte sind, ist dieser Arbeitsschritt etwas ausführlicherer beschrieben.

In der *Pragmatischen Analyse* geht es darum, den Bibeltext unter dem Aspekt der Kommunikation zu lesen, also danach zu fragen, welche Bedeutung der Text für den Autor und für die Leserinnen und Leser hat, warum wir ihn überhaupt lesen sollen und welche Funktion ihm für eine bestimmte Gruppe oder Gemeinde zukommt.

Schließlich können Sie in der *abschließenden Interpretation* Ihre Ergebnisse sammeln, bündeln und auswerten. Hier haben Sie dann auch die Gelegenheit, auf Grundlage Ihrer Lese- und Analyseerfahrungen den Bibeltext mit Ihrer eigenen Lebenssituation zu konfrontieren, zu überlegen, wo und wie er für Sie selbst und Ihr Umfeld Impulse gibt. Schauen Sie auch noch einmal zurück auf Ihre Ausgangsfragen und prüfen Sie, in welcher Form die unterschiedlichen Analyseschritte Ihr Verständnis und Ihren persönlichen Zugang zum Bibeltext verändert, ergänzt, vorangebracht und weiterentwickelt haben. Meine eigene Erfahrung ist: Man hat in jedem Fall einen Gewinn gemacht!

„Methoden sind nicht mechanisch anzuwendende Mittel, um den Sinn des Textes zu erfassen. Methoden sind als Hinweise zu verstehen, in welche Richtung Beobachtungen am Text zu sammeln sind und wie der Sinn des Textes am angemessensten erschlossen werden kann" (Wilhelm Egger).

Lesetipp: Ansätze für eine „neue historisch-kritische" Exegese bieten Erlemann, Kurt / Wagner, Thomas: Leitfaden Exegese, Tübingen 2013, sowie ausführlich Finnern, Sönke / Rüggemeier, Jan: Methoden der neutestamentlichen Exegese. Ein Lehr- und Arbeitsbuch, Tübingen 2016.

4 Die Spontananalyse

Begegnung auf den ersten Blick

Vor der systematischen und durch spezielle Arbeitsschritte angeleiteten Lektüre eines Textes ist es sinnvoll, sich seines eigenen ersten Leseeindrucks zu vergewissern. Das eigene Vorverständnis des Textes sowie der gesamten Bibel, mögliche Vorurteile und Widerstände, Detailfragen und unmittelbare Zugänge zu einzelnen Figuren oder Themenschwerpunkten, die sich bei der ersten Lektüre entwickeln, prägen auch die weiteren Analysen. Die spontane Analyse ermöglicht die Bildung von ersten Hypothesen über den Sinn des Textes.

„Jeder Leser ist kompetent für Beobachtungen am Text und Rückschlüsse sowie für Gefühle gegenüber dem Text" (Wilhelm Egger).

Lesen Sie also den ausgewählten biblischen Text. Sie können den Text für sich leise oder laut lesen. Sie können den Text auch anderen vorlesen oder jemanden bitten, Ihnen den Text vorzulesen. Wenn Sie sich zu zweit oder in einer größeren Gruppe mit biblischen Texten beschäftigen, tauschen Sie bitte Ihre ersten Erfahrungen, Fragen, Unsicherheiten und spontanen Ausdrücke zum Text aus. In jedem Fall ist es interessant und hilfreich, sich diese anfänglichen Eindrücke zu notieren und zu einem späteren Zeitpunkt noch einmal ins Gedächtnis zu rufen – etwa während oder spätestens im Anschluss an die methodisch gestützte Lektüre. So können Sie die Entwicklung Ihres Textverständnisses nachvollziehen.

Leitfragen zur Spontananalyse

- Welche Vorkenntnisse oder Erfahrungen haben Sie mit dem Text? Woher kennen Sie ihn?
- Welcher unmittelbare Eindruck entsteht nach der Lektüre? Ist der Text für Sie spannend, interessant, bedeutsam, langweilig …?
- Wie haben Sie den Text bisher verstanden?
- Welche Fragen wirft der Text auf?
- Können Sie die zentralen Themen des Textes benennen?
- Welche Haltung nimmt der Autor gegenüber seinen Figuren bzw. seinem Thema ein?

Textbeispiel Joh 9

Lesen Sie die Erzählung von der Heilung des Blindgeborenen (Joh 9,1–41) und nehmen Sie nach und nach die Leitfragen zur Spontananalyse zur Hilfe. Ihre Eindrücke sind sehr individuell und vor allem auch sehr unterschiedlich. Ich gebe hier zwei Beispiele aus einem meiner Fortbildungsseminare wieder:

Thomas W.: „Mir persönlich ist der Text noch nie begegnet. Ich habe zwar schon einmal etwas davon gehört, dass Jesus viele Menschen von unterschiedlichen Krankheiten geheilt haben soll, diese spezielle Variante war mir jedoch unbekannt. Auf den ersten Blick finde ich die Geschichte sehr spannend. Wenn man den ganzen Text von vorne bis hinten liest, scheint es vor allem bei dem Blindgeborenen eine deutliche Entwicklung zu geben. Natürlich kommen dann auch sofort viele Fragen: Wie kann die Heilung mit Speichel und Erde funktionieren? Was sind eigentlich Pharisäer? Warum nehmen die Eltern ihren Sohn nicht in Schutz? Warum wird der Mann am Ende aus der Synagoge ausgestoßen? Und mir fielen noch viel mehr Fragen zu diesem Text ein. Mir fällt auf, dass der Autor offensichtlich eine Lanze für den Blindgeborenen brechen möchte. Die übrigen Figurengruppen kommen ja alle nicht so besonders gut weg. Das

Hauptthema Heilung wird im Laufe der Geschichte irgendwie von verschiedenen Instanzen bewertet. Darüber möchte ich jetzt mehr erfahren ...!“

Britta K.: „Ich kenne die Geschichte aus einem Kindergottesdienst, den ich mit meinem Sohn öfter mal besuche. Der Pastoralreferent hat die Geschichte sehr schön und mit seinen eigenen Worten erzählt und hat sie für die Kinder sogar noch mit Erzählfiguren nachgestellt. Allerdings kam in diesem Zusammenhang nur die eigentliche Heilungsgeschichte vor, der ganze Rest der Erzählung spielte keine Rolle. Mein Sohn fand diese Heilungsgeschichte äußerst spannend und für ihn war das auch gar kein Problem, dass Jesus dem Mann durch einen Mix aus Speichel und Erde die Augen geöffnet hat. Er hat hinterher allerdings gefragt, was das Wort ‚Sünde‘ bedeutet und warum irgendeiner krank wird, wenn er oder seine Eltern gesündigt haben. Da musste ich passen und konnte nur sagen, dass ich das auch nicht richtig verstehe. Für mich war außerdem noch rätselhaft, warum sich der Mann in einem Teich waschen sollte und erst dann sehen konnte. Wenn ich jetzt sogar den Text dazu nehme, scheint es mir insgesamt doch um viel mehr zu gehen als um die bloße Heilung. Ich bin sehr gespannt!“

Das Buch Jona als Testfeld

Mit dem zweiten Beispieltext möchte ich Sie in das Alte Testament entführen und Ihnen einen der bekanntesten und beliebtesten Texte aus diesem großen ersten Teil unserer Bibel zum Selbststudium anbieten. Unter der Rubrik „Das Buch Jona als Testfeld" wird es im weiteren Verlauf immer wieder darum gehen, die zuvor kennengelernten und am ausführlichen Beispiel Joh 9 studierten Lese- und Analyseanregungen nun an einem weiteren Bibeltext auszuprobieren.

„Jona ist ein zentraler Text für das jüdisch-christliche Religionsgespräch" (Friedemann Golka).

Spontananalyse

- Lesen Sie für sich alleine oder in einer Gruppe das gesamte Buch Jona (eine segmentierte Textfassung findet sich im Anhang)
- Gehen Sie für sich oder mit anderen zusammen die Fragen der Spontananalyse durch.
- Halten Sie Ihren ersten Eindruck vom Buch Jona schriftlich fest.

Lesetipp: Jona, Bibel heute 176 (2008).

Auf den Punkt gebracht

Die Spontananlyse ermöglicht eine erste, offene Begegnung mit dem biblischen Text. Es entsteht eine Beziehung zwischen Ihnen und der Bibelstelle bzw. dem biblischen Buch, die das Fundament und gleichzeitig immer wieder ein Korrektiv für Ihre vertiefte-Lektüre bildet.

5 Die Sach- und Situationsanalyse

Hintergrundinformationen sammeln

Um verschiedene Fragen aus der Spontananalyse zu beantworten, bietet es sich an, an dieser Stelle eine Sach- und Situationsanalyse zum biblischen Text bzw. zu dem biblischen Buch, aus dem der jeweilige Text stammt, durchzuführen. Das heißt konkret: aus verschiedenen Medien entsprechende Hintergrundinformationen zusammenzutragen. Die biblischen Bücher sind nicht vom Himmel gefallen. Sie stehen in ihrer ursprünglichen Form in einem konkreten Umfeld, sind in einer bestimmten Zeit, an einem bestimmten Ort, für einen definierten Leserkreis geschrieben. Sie weisen Bezüge zu ihrer Umwelt auf und sie geben Auskunft über zeit- und religionsgeschichtliche Hintergründe. In der Bibelwissenschaft werden diese Hintergrundinformationen unter dem Stichwort *Einleitungsfragen* subsummiert.

Machen Sie sich also auf die Suche nach eben solchen Hintergrundinformationen zu dem biblischen Buch, in und mit dem Sie gerade unterwegs sind. Schauen Sie in Bibliotheken nach oder surfen Sie im Internet. Lesen Sie in *Einleitungen* in das Alte oder Neue Testament, in *Kommentaren* zu den einzelnen biblischen Büchern, in *spezieller Literatur* zu einem biblischen Thema oder einem ausgewähltem Text. Wenn Sie im Internet unterwegs sind, finden Sie einen ersten Eindruck wie so oft auf den Seiten des Katholischen Bibelwerkes (www.bibelwerk.de). Darüber hinaus möchte ich Sie aber auf die www.bibelwissenschaft.de hinweisen: Hier finden Sie ein überaus vielfältiges Angebot rund um die Bibel – Online-Bibeln, Bibelkommentare, Bibelkunde. Unter dem Stichwort „WiBiLex“ erhalten Sie auf wissenschaftlich absolut abgesicherten Niveau Informationen zu einzelnen biblischen Büchern, Themen, Figuren sowie die jeweils entsprechenden Hinweise auf die neueste Literatur.

Leitfragen zur Sach- und Situationsanalyse

- Wie ist das biblische Buch strukturiert und gegliedert?
- Wann ist das Buch vermutlich entstanden?
- In welcher Gegend lokalisiert man die Entstehung des Buches?
- Gibt es Informationen über den Autor oder das Autorenkollektiv?
- Für welche Gruppe, Gemeinde oder Erzählgemeinschaft ist der Text geschrieben?
- Gibt es einen bestimmten Anlass für den Text?
- Lassen sich Aussagen über das zeit- und religionsgeschichtliche Umfeld treffen?

Textbeispiel Joh 9

Eine Zusammenfassung zu den Einleitungsfragen zum Johannesevangelium könnte nach der Lektüre verschiedener Bibeleinführungen folgendermaßen lauten:

Das Evangelium nach Johannes ist in mehrfacher Hinsicht besonders. Natürlich stehen auch hier das Leben Jesu und die Botschaft vom Reich Gottes im Mittelpunkt. Johannes entwirft jedoch ein eigenes Glaubensverständnis. Er berichtet nicht nur von Begebenheiten, sondern entfaltet sie durch einen intensiven theologischen Diskurs. Dadurch gibt er ihnen Sinn und Bedeutung. Darin unterscheidet er sich von den sogenannten synoptischen Evangelien, die eine stärkere Distanz zu den Erzählungen einnehmen. Während die Synoptiker den Glauben in die damals bekannte Welt tragen wollten, richtet sich Johannes bereits an bestehende Gemeinden und möchte ihnen helfen, ihren Glauben zu erschließen.

Stichwort Synoptiker/Synopse/ Synoptischer Vergleich

Die sogenannten synoptischen Evangelien nach Markus, Matthäus und Lukas (= Synoptiker) weisen sehr starke Ähnlichkeiten auf. Umso spannender und für den jeweils eigenen theologischen Entwurf maßgeblich sind die Unterschiede zwischen diesen Büchern. Diese kommen am deutlichsten zum Vorschein, wenn die drei Evangelien parallel angeordnet und einander gegenübergestellt werden, eben synoptisch gelesen werden. Eine Synopse dient dann dem unmittelbaren inhaltlichen und strukturellen Vergleich dieser drei Evangelien. Manche Synopsen nehmen auch Parallelen aus dem Johannesevangelium mit auf.

Der nicht näher identifizierte Autor des Johannesevangeliums war möglicherweise Judenchrist und beanspruchte die Autorität eines Augenzeugens (s. u.). In der langen Forschung zu diesem Evangelium wird er oft mit dem Apostel Johannes oder dem Presbyter Johannes (2./3. Johannesbrief) identifiziert; beide Varianten sind allerdings mehr als unrealistisch. Die ersten Leser werden in Joh 20,30f. direkt angesprochen. Es handelt sich vermutlich um eine Gemeinde, die aus Juden- und Heidenchristen zusammengesetzt ist. Die Forschung nimmt auf der Grundlage altkirchlicher Zeugnisse als Entstehungsort überwiegend das griechische Ephesus an und legt sich für die Datierung des Buches auf einen Zeitpunkt zwischen 90 und 100 n. Chr. fest.

Lesetipp: Rein, Matthias: Das Johannesevangelium, in: Niebuhr, Karl-Wilhelm: Grundinformation Neues Testament, S. 143–172; schneller Zugriff über WiBiLex.de: Johannesevangelium.

Wenn wir in den Text des Johannesevangeliums selbst schauen, finden wir im Blick auf den Leser und den Autor folgende Angaben:

In seiner lyrisch einmaligen Form beschreibt der Prolog des Evangeliums (Joh 1,1–18) das Kommen Gottes zu den Menschen in der Gestalt des Logos, der im weiteren Verlauf des Buches dann als Jesus von Nazaret identifiziert wird. Es wird hier literarisch die Bewegung von der Ewigkeit in die Zeit umgesetzt. Mit einem solchen Einstieg ermöglicht der Autor dem Leser die richtige Entschlüsselung der nachfolgenden Erzählung, es handelt sich um den Reflexionsrahmen, innerhalb dessen sich gelingende Lektüre abspielt. Dabei führt der Text den Leser an den absoluten Anfang zurück: „Am Anfang war das Wort und das Wort war bei Gott, und das Wort war Gott" – dahinter kann man nicht zurück. Dass hiermit an den Anfang des Alten Testaments angeknüpft wird, liegt auf der Hand, eine Beobachtung, die den Gesamtentwurf des Evangeliums unmittelbar in der jüdischen Tradition verwurzelt. In seinen einzelnen Teilen spielt der Prolog das Schicksal des abgewiesenen Logos in der Welt durch (1,10) und ordnet es in die Gegenüberstellung von Licht und Finsternis ein (1,4–5). Während die Welt ihn nicht aufnimmt, erhalten diejenigen, die ihn aufnehmen, die Möglichkeit, Kinder Gottes zu sein (1,11–12), also an der Entscheidung für oder gegen den Logos wird festgemacht, wer zur Gemeinschaft der Kinder Gottes gehört. Diese Tatsache wird dann noch folgendermaßen spezifiziert: „Und das Wort ist Fleisch geworden und hat unter uns gewohnt und wir haben seine Herrlichkeit geschaut ..." (1,14). Über die Formulierung mit „uns" und „wir" bezieht der Autor das mögliche ideale Verhältnis zu Gott auf seine eigene Gemeinde. Mit Hilfe dieses Grundsatztextes kann man also die Lektüre des Buches in aller Ruhe und mit der Gewissheit um die sichere Rettung angehen.

Über den Leser des Evangeliums erfahren wir noch mehr, wenn wir auf den ersten Buchschluss (20,30–31) schauen. V. 30 berichtet zunächst davon, dass es noch viele Zeichen gibt, die Jesus getan hat und die nicht in diesem Buch aufgeschrieben sind, die allerdings weniger relevant sind. Wichtiger sind offensichtlich die, die hier aufgeschrieben sind, denn sie sind aufgeschrieben, „damit ihr glaubt, dass Jesus der Christus ist, der Sohn Gottes, und damit ihr durch den Glauben Leben habt in seinem Namen" (V. 31). Wiederum ist die schriftliche Fixierung ganz entscheidend: Das Buch selbst ist der Grund dafür, dass der Leser glaubt und daraus Lebensperspektiven in seinem Namen entwickelt. Um zu glauben, muss man nur eine Bedingung erfüllen, man muss das Buch lesen. Der Glaube wird durch zwei Abstrakta näher definiert: Zum einen geht es um den Glauben an Jesus als den Messias, den Sohn Gottes. Dadurch wird die christologische Ausrichtung des gesamten Buches auch für die Perspektive des Lesers dingfest gemacht. Zum anderen bietet dieser Glaube die Sicherheit, Leben in seinem Namen zu haben, der Leser darf gewiss sein, dauerhaft unter der schützenden Hand Jesu Christi zu stehen.

Am Ende des sogenannten Nachtragskapitels Joh 21 erhalten wir dann noch weitere Informationen über den Autor des Buches. In der Fiktion des Textes wird nämlich explizit eine Autoreninstanz benannt: „Dies ist der Jünger, der all das bezeugt und der es aufgeschrieben hat; und wir wissen, dass sein Zeugnis wahr ist" (21,24). Bezieht man diese Aussage auf den vorangehenden Textabschnitt, so wird deutlich, dass es sich hierbei um den Lieblingsjünger handelt, jene Erzählfigur, die im zweiten Teil des Buches immer wieder an entscheidenden Stellen in Beziehung zu Jesus gebracht wird. Einen Vers weiter zeigt sich dann sogar ein konkretes „ich", das offensichtlich noch mehr Taten Jesu kennt, und zwar von so vielen, dass die ganze Welt die Bücher nicht fassen könnte, die man darüber schreiben müsste. Beide Instanzen sind allerdings textinterne Größen und lassen sich von daher nicht direkt mit dem realen Autor in Verbindung bringen. Beide bringen jedoch wichtige Stichworte, die Auskunft über die Besonderheit unseres Autors geben: Es geht ihm darum, theologisch einwandfrei und höchst durchdacht Zeugnis abzulegen über die vorangehend beschriebenen Ereignisse. Dieses Zeugnis wird als wahr klassifiziert, und zwar mit Hilfe der „Wir-Form" als Einverständnis zwischen Autor und Leser. Schließlich geht es darum, diese Ereignisse aufzuschreiben in einem Buch. Das Aufschreiben der Offenbarungsgeschichte bietet einen gemeinsamen dauerhaften Wissensschatz, mit Hilfe dessen man langfristig Lebensstrategien im Sinne der Erinnerung an das Christusereignis sicherstellen kann.

Lesetipp: Wengst, Klaus: Das Johannesevangelium. 1. Teilband Kapitel 1–10, 2. durchgesehene und ergänzte Auflage, Stuttgart 2000, S. 23–40.

Das Buch Jona als Testfeld

Sach- und Situationsanalyse

Informieren Sie sich über das Buch Jona in Büchern oder im Internet.

- Gliederung?
- Entstehungszeit?
- Entstehungsort?
- Informationen über den Autor?
- Informationen über die Adressatengruppe?
- Zeit- und religionsgeschichtliche Informationen.

Hinweise zur Sach- und Situationsanalyse für das Jonabuch

Das Buch Jona gehört unbestritten zu den bekanntesten und beliebtesten Büchern der Bibel. Anders als bei den meisten anderen prophetischen Büchern des Alten Testaments, steht bei Jona der Prophet selber im Mittelpunkt des Buches. Andere Bücher berichten stärker von der Botschaft ihrer Propheten. Das Buch Jona erzählt die Geschichte seiner Hauptfigur mit Gott. Ähnlich wie bei Ijob ist das keine einfache Geschichte. Der erzählerische Rahmen verdichtet sich zu einer zentralen biblischen Botschaft, „dass die starke und liebende Hand Got-

„Jona – das ist die Geschichte eines Menschen, der sich mit göttlichen Scherzen nicht anfreunden kann – und der deshalb auch an Gottes Barmherzigkeit gegenüber den Feinden des Volkes Israel scheitert. Ein humorloser und unbarmherziger Prophet, der am Ende mürrisch unter seiner abgefressenen Rizinuslaubhütte sitzt und sich über Gottes Barmherzigkeit nicht freuen kann" (Wilhelm Bruners).

tes alle seine Geschöpfe zu sich führen will, auch den Propheten, der vom Angesicht JHWHs wegläuft“ (Erich Zenger). Vor der Kulisse Ninives und im Bauch des großen Fisches lässt der Autor seinen Leser teilhaben an Jonas ganz persönlichem und ganz praktischem Ringen mit Gott.

Die exegetische Forschung verortet das Buch Jona etwa in die zweite Hälfte des 4. Jahrhunderts oder zu Beginn des 3. Jahrhunderts v. Chr. und vermutet Jerusalem oder die ägyptische Diaspora als Entstehungsraum. Das Buch Jona gehört zum sogenannten Zwölfprophetenbuch des Alten Testaments.

Versuchen Sie, weitere Informationen zum Buch Jona zusammenzutragen!

Lesetipp: Zenger, Erich: Jona, in: ders. u.a.: Einleitung in das Alte Testament, Stuttgart [8]2016; Weimar, Peter: Jona, Freiburg 2017, S. 35–66; schneller Zugriff über: WiBiLex.de.

Auf den Punkt gebracht

Mit der Sach- und Situationsanalyse verschaffen Sie sich das nötige Hintergrundwissen für die weiteren Methodenschritte und können während Ihrer Lektüre den biblischen Text immer wieder in den entsprechenden zeit- und religionsgeschichtlichen Zusammenhang einordnen.

6 Die vorbereitenden Schritte der Analyse

Sich den Text zurechtlegen

Zu Beginn der methodengesteuerten Lektüre biblischer Texte geht es darum, den Text für die weiteren Analyseschritte vorzubereiten, sich der vorliegenden Gestalt des Textes sowie seines literarischen Umfeldes zu versichern sowie für sich selbst eine bearbeitbare Textfassung zu schaffen. Zu diesem Zweck schlage ich im Folgenden drei einzelne Methodenschritte vor: den Vergleich verschiedener Übersetzungen, die Kontextabgrenzung und -einordnung sowie die sogenannte Segmentierung, also die eigene Darstellung des Textes in einer übersichtlichen und graphisch angemessenen Form.

Vergleich verschiedener Übersetzungen

Inzwischen liegen vielfältige Übersetzungen der Bibel vor: solche, die sich stark am Originaltext orientieren, solche, die besondere theologische Schwerpunkte herausarbeiten, solche, die den Schwerpunkt auf die Übertragung in die heutige Sprache setzen, Kinderbibeln, Jugendbibeln und vieles mehr. Die Bedeutungstiefe sowie die sprachliche Organisation der hebräischen oder griechischen Originaltexte lassen sich nur sehr schwer, über wei-

Stichwort Textkritik und die Frage nach dem ursprünglichen Text

In der klassisch historisch-kritischen Exegese wird in der sogenannten Textkritik nach der ursprünglichsten Form des biblischen Textes gesucht. Im Laufe der Geschichte sind verschiedene Fassungen der Bibel entstanden. Sie unterscheiden sich zum Beispiel in Umfang und Anordnung. Die Textkritik geht davon aus, dass die kürzeren und schwierigeren Fassungen dem Urtext am nächsten sind. Diese Texte sind erweitert worden, um das Verstehen in ihrer Zeit zu erleichtern.

Stichwort Literarkritik und die Frage nach den ursprünglichen Quellen
Die Literarkritik befasst sich mit der sprachlichen Gestalt der biblischen Bücher. Dieser exegetische Arbeitsschritt untersucht die biblischen Texte auf besondere Merkmale und bewertet die inhaltlichen und sprachlichen Unterschiede und Stilbrüche, die in ein- und demselben Text vorkommen können. Dadurch wird nachvollziehbar, welche Quellen dem Text zugrunde liegen und wie er Schritt für Schritt gewachsen ist. Auf diese Weise ist auch eine Annäherung an Zeit, Ort und Umwelt eines Textes möglich.

te Strecken eigentlich gar nicht ohne Bedeutungsverluste in die deutsche Sprache übertragen. Das heißt, jede Art der Übersetzung produziert auf ihre eigene Weise immer schon eine Verschiebung bzw. Nuancierung der Bedeutung von einzelnen Begriffen, Bedeutungslinien oder gar ganzen Textteilen. Lesen Sie den Bibeltext, mit dem Sie sich gerade beschäftigen in zwei oder drei verschiedenen Übersetzungsvarianten. Auf diese Weise bekommen Sie einen Eindruck davon, dass Übersetzung bereits Interpretation ist. Schauen Sie bitte genau hin, an welchen Stellen die Übersetzungen differieren, worauf sie besonderen Wert legen, wie sie bestimmte Bilder und Motive wiedergeben. Dort, wo Unterschiede auftauchen, sind die neuralgischen Punkte im Text. Dort wird gerungen um Positionen, um Inhalte, nicht zuletzt um ideologische Vorentscheidungen.

Um diesen Vergleich übersichtlich zu gestalten und gleich auf den ersten Blick die Unterschiede zu erkennen, bietet es sich an, die verschiedenen Übersetzungen in einer Tabelle gegenüberzustellen. Hier kann man dann einzelne Worte oder Satzpassagen (farbig) markieren und die Struktur- und Bedeutungsverschiebungen ausfindig machen.

Lesetipp: „Übersetzen – üb' ersetzen!". Bibelübersetzungen unter die Lupe genommen, Bibel und Kirche 69 (2014); Kuschmierz, M./Kuschmierz, R.: Handbuch Bibelübersetzungen. Von Luther bis zur Volxbibel, Wuppertal 2007.

Leitfragen für den Übersetzungsvergleich

Benennen Sie die Übersetzungsunterschiede und gehen Sie dabei ins Detail!

- Wo im Text treten Übersetzungsunterschiede auf?
- Welchen inhaltlichen oder ideologischen Vorgaben folgt der jeweilige Text?
- Sind die Unterschiede Signale für verschiedene theologische Aussagen? Und für welche?

	Einheitsübersetzung	Lutherbibel	Neue Genfer Übers.	Gute Nachricht Bibel
1	Unterwegs sah Jesus einen Mann, der ***seit seiner Geburt blind war.***	Und Jesus ging vorüber und sah einen Menschen, der ***blind geboren*** war.	Unterwegs sah Jesus einen Mann, der ***von Geburt an blind*** war.	Im Vorbeigehen sah Jesus einen Mann, ***der von Geburt blind*** war.
2	Da fragten ihn seine Jünger: Rabbi, wer hat ***gesündigt?*** Er selbst oder seine Eltern, sodass er blind geboren wurde?	Und seine Jünger fragten ihn und sprachen: Rabbi, wer hat ***gesündigt,*** dieser oder seine Eltern, dass er blind geboren ist?	»Rabbi«, fragten die Jünger, »wie kommt es, dass dieser Mann blind geboren wurde? Wer hat ***gesündigt*** – er selbst oder seine Eltern?«	Die Jünger fragten Jesus: »Rabbi, wer ist ***schuld,*** dass er blind geboren wurde? Wer hat hier ***gesündigt,*** er selbst oder seine Eltern?«
3	Jesus antwortete: Weder er noch seine Eltern haben ***gesündigt,*** sondern die **Werke Gottes** sollen an ihm ***offenbar*** werden.	Jesus antwortete: Es hat weder dieser ***gesündigt*** noch seine Eltern, sondern es sollen die **Werke Gottes** ***offenbar*** werden an ihm.	»Es ist weder seine ***Schuld*** noch die seiner Eltern«, erwiderte Jesus. »An ihm soll ***sichtbar*** werden, was Gott **zu tun vermag.**	Jesus antwortete: »Weder er ist schuld noch seine Eltern. Er ist blind, damit **Gottes Macht** an ihm **sichtbar** wird.
4	Wir müssen, solange es Tag ist, die **Werke** dessen ***vollbringen,*** der mich gesandt hat; es kommt die Nacht, in der niemand mehr **wirken** kann.	Wir müssen die **Werke** dessen ***wirken,*** der mich gesandt hat, solange es Tag ist; es kommt die Nacht, da niemand **wirken** kann.	Wir müssen den **Auftrag** dessen, der mich gesandt hat, ***ausführen,*** solange es Tag ist. Die Nacht kommt, in der niemand mehr **etwas tun** kann".	Solange es Tag ist, müssen wir die **Taten** Gottes ***vollbringen,*** der mich gesandt hat. Es kommt eine Nacht, in der niemand mehr **wirken** kann".

Die Übersicht über die ersten fünf Verse unseres Beispieltextes ergibt schon einige deutliche Unterschiede in der Übersetzung:

- Die einleitende Ortsbezeichnung wird zweimal mit „unterwegs" wiedergegeben (neue EÜ und Neue Genfer), in der Lutherbibel mit „ging vorüber", in der Guten Nachricht mit „im Vorbeigehen". Darüber hinaus wird syntaktisch die eigentliche Spitzenstellung dieser Information in der Lutherbibel durch die Beiordnung im Hauptsatz in Form eines zweiten Prädikats verschoben.
- Die ursprüngliche Blindheit des Mannes (in der Lutherbibel „Mensch") wird unterschiedlich formuliert: „seit seiner Geburt" (neue EÜ), „blind geboren" (Lutherbibel), „von Geburt an blind" (Neue Genfer), „von Geburt blind" (Gute Nachricht).
- In V. 2 fallen zum einen die unterschiedlichen Satzanfänge auf – „da" (EÜ), „und" (Lutherbibel), Einstieg mit direkter Rede (Neue Genfer), unverbundener Anschluss (Gute Nachricht), zum anderen die Frage nach der Begründung der Blindheit: Die ersten drei Übersetzungen bringen einheitlich „wer hat gesündigt?", während die Gute Nachricht die Stelle um eine weitere Frage ergänzt: „Wer ist schuld, dass er blind geboren wurde? Wer hat gesündigt?" Außerdem variieren die vier Übersetzungen an diesem Punkt auch noch in der Satzstellung.
- In V. 3 werden die unterschiedlichen Begrifflichkeiten „Sünde" und „Schuld" wiederaufgenommen, allerdings wechselt die Neue Genfer von „Sünde" zu „Schuld". Auch in diesem Vers fallen die unterschiedlichen Satzstellungen auf.
- Und in V. 3 ergibt sich in der Antwort Jesu noch ein sehr deutlicher Unterschied: Die „Werke Gottes" (neue EÜ und Lutherbibel) werden in der Neuen Genfer mit „was Gott zu tun vermag" und in der Guten Nachricht mit „Gottes Macht" wiedergegeben. Und weiter noch wird in diesem Zusammenhang das Stichwort „offenbar werde" (neue EÜ und Lutherbibel) in der Neuen Genfer und in der Guten Nachricht mit „sichtbar werden" übersetzt.

- In V. 4 werden die „Werke Gottes" in der neuen EÜ und in der Lutherbibel wieder aufgenommen. Die Neue Genfer wechselt den Begriff von „zu tun vermag" zu „Auftrag", die Gute Nachricht wechselt von „Gottes Macht" zu „Taten Gottes".
- Und schließlich fällt in V. 4 noch die Unterscheidung zwischen „vollbringen" (neue EÜ und Gute Nachricht), „wirken" (Lutherbibel) und „ausführen" (Neue Genfer) auf.

„Wer übersetzt, muss versetzen. Der Treue verschworen, muss er sie brechen. Die Sprachen wollen, sie können nicht anders. Eine jede spricht Himmlisches und Irdisches, Menschliches und Dingliches je anders gesehen und erfahren, je anders gefühlt und gewertet, erkannt und bezogen – wie Maler, die den gleichen Berg malen, verungleichen Sprachen das Gleiche" (Friedolin Stier).

Diese Liste ließe sich jetzt so weiterführen, wir würden im Laufe unserer Episode Joh 9 noch sehr viele solche Unterschiede finden. Für den Augenblick können wir an den wenigen Beispielen schon sehen, dass die verschiedenen Bibeln sowohl im sprachlich-syntaktischen Bereich als auch in der Wahl von theologischen Begriffen („Sünde", „Offenbarung", „Werke Gottes", „vollbringen" usw.) variieren und dadurch schon alleine durch die Übersetzung bestimmte Punkte benennen, die virulent sind und die in den weiteren Analyseschritten besonders im Fokus stehen werden. Die Übersetzungen treffen ideologische Vorentscheidungen und stellen den Leser in ihrer jeweils individuellen Variante auf eine bereits vorgefärbte Lesart des Textes ein.

Das Buch Jona als Testfeld

Übersetzungsvergleich

- Lesen Sie das erste Kapitel des Buches Jona in zwei verschiedenen Übersetzungen, wählen sie einfach zwei der oben bereits eingeführten Übersetzungen.
- Achten Sie ganz genau auf die feinen Unterschiede der Übersetzungen.
- Welche Erkenntnisse nehmen Sie aus dem Vergleich der Übersetzungen mit?

Hinweise zum Übersetzungsvergleich für das Jonabuch

- Achten Sie gleich zu Beginn des ersten Kapitels in V. 1 auf die verschiedenen Anfänge: Satzstellung, Wortwahl, die entscheidenden Verben!
- Die „Leute von Ninive“ werden mit verschiedenen Begriffen charakterisiert!
- Schauen Sie die Beschreibung der Flucht Jonas an (V. 3): die Hafenstadt, das Schiff, Fahrgeld, an Bord gehen usw.! Die Übersetzungen formulieren hier unterschiedlich.
- In V. 4–6 geht es um den großen Sturm und die Furcht der Seeleute. Vergleichen Sie hier die Beschreibung des Sturms, das Problem mit dem Schiff, die Furcht und die Reaktion der Seeleute, den Aufenthaltsort Jonas, die Reaktion des Kapitäns!

Fahren Sie in dieser Weise fort und gehen Sie das erste Kapitel durch. Sie werden eine Vielzahl markanter Unterschiede feststellen und können dann sehr schnell festlegen, welche Übersetzung in welche Richtung tendiert, welche Fragen oder Informationen besonders im Fokus stehen.

Auf den Punkt gebracht

Der Übersetzungsvergleich motiviert gleich zu Beginn der Analyseschritte dazu, genau und kritisch hinzusehen und auf die berühmten „Kleinigkeiten" im Text zu achten. Durch die in der Übersetzung installierten Tendenzen fällt bereits eine erste Entscheidung für die Interpretation des Textes.

Kontextabgrenzung und -einordnung

Zu Beginn der analytischen Arbeit am Text ist der Textumfang festzulegen: Das Vorhandensein eigenständiger Sinneinheiten ermöglicht es, Anfang und Ende des zu bearbeitenden Teiltextes zu bestimmen. Gleichermaßen ist bereits am Anfang der Untersuchungen zu verdeutlichen, dass der auf diese Weise gewonnene Einzeltext Teil eines größeren Zusammenhangs und immer nur von der Struktur dieser Gesamtkomposition her zu verstehen ist.

Kontextabgrenzung

Zwar bieten fast alle Bibelübersetzungen Kapitel, Absätze und Überschriften, dieses Gliederungsangebot ist allerdings in den ursprünglichen Schriften des Alten und Neuen Testaments nicht vorhanden, sondern wurde erst im 13. Jahrhundert durch den späteren Erzbischof von Canterbury, Stephan Langton, eingeführt und im 16. Jahrhundert durch den französischen Gelehrten Robert Estienne bis in die Verseinteilung hinein weiter verfeinert. Die Entscheidung über den Umfang des zu bearbeitenden Teiltextes, also die Frage nach einem Anfang und einem Ende einer sinnvollen Texteinheit, wird durch die genaue Betrachtung der Textoberfläche, also durch die präzise Beobachtung der formalen sprachlichen Gestaltung des Textes, getroffen. Wie es in der antiken Schriftstellerei üblich war, besonderen Wert auf die sorg-

„Die Feststellung vom Anfang und Ende einer Texteinheit ist für das rechte Verständnis des Textes entscheidend" (Wilhelm Egger).

fältige Gestaltung von Anfängen und Schlusspassagen zu legen, so weisen auch die biblischen Texte in ihren Anfangs- und Schlusspassagen bestimmte Merkmale auf, die es dem Leser ermöglichen, die entsprechenden Teiltexte aus dem Gesamttext für die Analyse vorläufig auszugrenzen. Für ein solches Verfahren greift die Exegese auf Kriterien zurück, die in literaturwissenschaftlichen Untersuchungen entwickelt wurden. Der biblische Kanon kennt zwei große Textsorten – den Erzähltext und den nicht erzählenden, den sogenannten *besprechenden Text* (wie Reden, die Psalmen oder Gedichte) –, an die in unterschiedlicher Weise solche Kriterien heranzutragen sind. Neben der Abgrenzung lassen sich diese Kriterien gleichermaßen für eine vorläufige Binnengliederung des auf diese Weise gewonnenen Textausschnitts verwenden. Es kann durchaus sein, dass Sie bei Ihrer Analyse des einen oder anderen Textes auf andere Abgrenzungen kommen, als das in der Ihnen vorliegenden Bibelausgabe der Fall ist (vgl. dazu etwa unser Textbeispiel unten)!

Wichtig für das handwerkliche Vorgehen ist noch folgender Hinweis: Wenn Sie mit den Leitfragen die Kontextabgrenzung erarbeiten, betrachten Sie nicht nur den schon vorläufig ausgewählten Text! Schauen Sie auch in den vorangehenden sowie in den sich anschließenden Text. Auf diese Weise ergibt sich ein sehr deutliches und klares Bild für die Abgrenzung.

Hinweis: Die nun folgenden Kriterien für die Kontextabgrenzung sind auch maßgeblich für die genauere Feingliederung eines Textes. Auch hier geht es ja darum, einzelne Textteile voneinander abzugrenzen und auf diese Weise die Struktur des Textes herauszustellen (vgl. dazu die Ausführungen weiter unten über die „Segmentierung" des Textes).

Leitfragen für die Kontextabgrenzung

Direkte Lesehinweise

- Gibt es *direkte Lesehinweise*, also Wendungen, die nicht erzählen, also nicht über etwas sprechen, sondern die die Kommunikation zwischen Autor und Leser thematisieren? Wichtige Hinweise darauf, dass solche Passagen tatsächlich außerhalb der erzählten Welt anzusiedeln sind, dass es sich also um metakommunikative Aussagen handelt, stellt neben dem Einsatz von Verben des Sagens, Meinens und Denkens besonders der Gebrauch der 1. und 2. Person singular und plural dar. („Noch viele andere Zeichen hat Jesus vor den Augen seiner Jünger getan, die in diesem Buch nicht aufgeschrieben sind. Diese sind aufgeschrieben, damit ihr glaubt, dass Jesus der Christus ist, der Sohn Gottes, und damit ihr durch den Glauben Leben habt in seinem Namen", Joh 20,30f.).
- Wird ein vorangehender oder nachfolgender Text durch einen zusammenfassenden bzw. abstrahierenden Ausdruck charakterisiert? In der Fachsprache nennen wir das *Substitution auf der Metaebene.*
  („So tat Jesus sein erstes Zeichen, in Kana in Galiläa, und offenbarte seine Herrlichkeit und seine Jünger glaubten an ihn" (Joh 2,11). Mit dem Begriff „erstes Zeichen" wird die vorangehende Geschichte zusammengefasst.)

Szenische Gliederungsmerkmale

- *Orts- und/oder Zeitangaben:* In erzählenden Texten finden sich diese Gliederungsmerkmale sehr häufig. Sie sind konstitutiv für Erzählungen, da sich die Darstellung bestimmter Sachverhalte innerhalb der erzählten Welt immer auf zeitliche und räumliche Grundstrukturen bezieht. Speziell für das Kriterium der wechselnden Ortsangaben ist es hilfreich, auf Verben der trennenden Bewegung zu achten, da solche Verben oft den Anfang oder den Abschluss einer kleineren Erzähleinheit markieren.

- Auch die Einführung einer *neuen Figur oder Figurengruppe* ist ein Gliederungssignal. Ein Vergleich mit dem Theater ist hier hilfreich: Einzelne Szenen werden durch das Abtreten bereits bekannter und das Auftreten neuer Charaktere voneinander abgesetzt.

Kriterien auf der sprachlich-formalen Ebene

- Themenwechsel oder Argumentationseinschnitte?
- Rahmende Elemente (Inklusionen) trennen größere und kleinere Textabschnitte voneinander ab.
- Satzkonjunktionen trennen Abschnitte nicht nur voneinander ab, sondern setzen sie zugleich in eine logische Beziehung zueinander.
- Wiederholungen, verallgemeinernde Aussagen, prägnante und formelhafte Einleitungs- oder Schlusspassagen?
- Weitere Merkmale auf der sprachlich formalen Ebene sind Wortwahl- oder Stilwechsel.

Textbeispiel Joh 9

Um den Beginn der Erzählung festzulegen, ist zunächst ein Blick auf den Schluss des achten Kapitels hilfreich: Hier ist in 8,59 deutlich das Ende eines Gesprächs zwischen Jesus und den Juden über die Abrahamskindschaft auszumachen, das fast mit der Eskalation, nämlich der Steinigung Jesu, abschließt. Die nun folgende Episode Joh 9 spielt „unterwegs", also irgendwo in Jerusalem, der einzige wirkliche Anhaltspunkt ist die Nähe zum „Teich Schiloach" (9,7).

Auffallend ist weiterhin der Wechsel in der Figurenkonstellation: Kapitel 8 war durch den Dialog zwischen Jesus und den Juden bestimmt, nun treten die Jünger wieder auf, von denen seit Beginn des 6. Kapitels nicht mehr die Rede war, und verwickeln Jesus in ein Gespräch. Den Anlass zu dieser Unterhaltung bietet eine ebenfalls neu hinzukommende Figur: der Mann, der seit seiner Geburt blind ist. Damit ist auch durch das neue Thema „Blindheit“ ein klarer Neueinsatz gegenüber dem vorangehenden Kapitel gesetzt.

So deutlich die Kriterien für den Beginn der Episode ins Auge fallen, so schwierig und umstritten ist es, das Ende zu bestimmen. Es kommen mehrere Möglichkeiten in Betracht, die in 9,1 begonnene Erzählung abzuschließen. So liegen sowohl in 9,7 als auch in 9,34 gute Gründe vor, nämlich zum einen der erfolgreiche Abschluss einer Heilung („Und als er zurückkam, konnte er sehen“) und zum anderen die endgültige Reaktion der Pharisäer („Und sie stießen ihn hinaus“). Es spräche auch einiges dafür, diesen Text in 10,21 enden zu lassen: in 10,22f. folgt eine neue Zeitangabe „Um diese Zeit fand in Jerusalem das Tempelweihfest statt“ und ein erneuter Ortswechsel: „... und Jesus ging im Tempel in der Halle Salomos auf und ab.“

Wie also entscheiden? Gegen die erste Variante eines Schlusses in 9,7 spricht, dass unser Autor keine einzige seiner wichtigen Geschichten einfach nach den erzählten Fakten beendet, sondern immer eine Diskussion über die Inhalte nachschiebt. Man erwartet also im Anschluss an die Heilung mit Spannung die Besprechung, in der das Eigentliche dieser Wunderheilung herausgearbeitet wird. Gegen das Ende in 9,34 spricht die wörtliche Wiederaufnahme des „Hinausstoßens“ in V. 35 sowie die Beobachtung, dass die Entwicklung der gesamten Episode in 9,35–38 noch einmal thematisch zusammengefasst wird. Dass der noch zu beschreibende Abschluss dieses Entwicklungsprozesses mit dem Phänomen des „Sehens“ einhergeht, schlägt zudem einen Bogen zum Anfang der Geschichte. „Sehen“ bzw. „Nicht-Sehen“ (sowie zusätzlich das Stichwort „Sünde“) sind auch in 9,39–41 die Leitmotive und binden somit auch diesen Teil an die Passage zurück.

Und wie ist es nun mit einem Schluss in 10,21? Es lassen sich keine szenischen Argumente anführen, um zwischen 9,41 und 10,1 einen Schnitt zu machen. Ganz im Gegenteil, denn hier wird die in 9,41 begonnene Rede Jesu weitergeführt. Zwar wird durch das Motiv des

„guten Hirten" thematisch etwas verändert, die Stichwortverbindungen „Blinder" und „Augen öffnen" (10,21) weisen allerdings auf eine Zugehörigkeit zum Vorangehenden hin. Ein klarer Neueinsatz ist tatsächlich erst in 10,22 zu begründen. Da die Geschichte von der Heilung des Blindgeborenen mit einem Ende in 10,22 sehr lang und für eine Analyse unübersichtlich wäre, entscheiden wir uns im Blick auf unsere weiteren Lese- und Analyseverfahren aber für Joh 9,1–41.

Kontexteinordnung

Parallel zur Kontextabgrenzung muss bereits zu Beginn der Analyse deutlich werden, dass der zu bearbeitende Text immer als Bestandteil eines größeren Ganzen gesehen wird und somit in die Struktur der erzählerischen Dramaturgie oder die Argumentationsstruktur eingebunden ist. Mit der Einordnung in den größeren Gesamtzusammenhang des biblischen Buches soll der Standort und der Stellenwert des jeweiligen Textes bestimmt werden. Deshalb empfiehlt es sich, solche Elemente zu benennen, die aus dem Einzeltext heraus konkrete Verbindungslinien zum Gesamtkontext herstellen. Dabei sind folgende Elemente wichtig:

- Unterschiedliche oder zum Teil gleiche Konstellationen von Handlungsträgern
- Einzelne Stichwortverbindungen und Motivverknüpfungen
- Thematische Bezüge und Einordnung in die Handlungs- bzw. Argumentationsstruktur

Es geht also in diesem Arbeitsschritt zunächst um Kontextverweise, die innerhalb der folgenden Analysen zu berücksichtigen und weiter auszuwerten sind.

Leitfragen für Kontexteinordnung

- An welcher Stelle, bzw. in welchem größeren Teil des Gesamtwerkes befindet sich der ausgewählte Text?
- Welchen Stand der Handlung, der Argumentation hat das Buch bis zu dieser Stelle erreicht?
- Werden im Text Themen aus dem näheren und weiteren Umfeld des gesamten Buches aufgegriffen?
- Sind einzelne Figuren oder Figurengruppen schon aus vorangehenden Texten bekannt? Oder werden sie im weiteren Verlauf des Buches wieder aufgegriffen?
- Fallen einzelne Begriffe, Motive, Satzverbindungen, thematische Zusammenhänge auf, die den ausgewählten Text mit anderen Teilen der Gesamtschrift verbinden?
- Welche Bedeutung hat der ausgewählte Text auf den ersten Blick für den weiteren Verlauf des Buches?

Textbeispiel Joh 9

Joh 9 befindet sich im ersten großen Teil des Johannesevangeliums (1. Teil = Joh 1–12; 2. Teil = Joh 13–21). Nach dem Prolog (Joh 1,1–18) und der Großen Exposition (Joh 1,19 – 2,12) hat der Leser schon eine Reihe von Geschichten gelesen, die in verschiedenen Facetten und Schattierungen die Begegnungen der Jesus-Gruppe mit „der Welt" schildern.

Innerhalb dieses ersten Buchteils gehört Joh 9 zur Gruppe der sieben sogenannten Semeia, so heißt die Gattung der Wundergeschichten im Johannesevangelium: Nach der Hochzeit zu Kana (Joh 2,1–11), der Heilung des Sohnes eine könig-

Stichwort Gattung/Gattungskritik und die Frage nach der speziellen Form

Die Gattungs- oder Formkritik untersucht einen Bibelabschnitt sehr feingliedrig und geht sprachlich stark ins Detail. Eine Gattung ist keine Textart, sondern eher ein sprachliches Gerüst, das anhand des Satzbaus oder bestimmter Formulierungen eine Einordnung eines Textes ermöglicht. Sie legt damit vor allem Spuren zur Verwendung eines Textes und ermöglicht zudem eine Annäherung an Zeit, Ort und Verfasser. Vgl. auch das Stichwort Formkritik.

lichen Beamten (4,43–54), der Heilung des Gelähmten am Sabbat beim Teich Betesda (5,1–18), der Speisung des Volkes am See von Tiberias (6,1–15), der Geschichte vom Seewandel (6,16–21) wird die Heilung des Blindgeborenen (9,1–41) als vorletztes Semeion erzählt, bevor die Auferweckung des Lazarus (11,1–57) inhaltlich mit einem deutlichen Blick hin auf den zweiten Teil und damit auch auf das Ende des Buches den Abschluss dieser Reihe bildet.

Aus den vorangehenden Wundergeschichten kennt der Leser inzwischen das Schema „Erzählen und Besprechen“: ein Semeion wird erzählt und darauf folgt die Auslegung bzw. die Diskussion über die Inhalte der Geschichte. In dem hier vorliegenden Fall ist das Besondere, dass die Wundergeschichte in mehreren Gesprächsdurchgängen mit verschiedenen Figurengruppen diskutiert wird.

Viele der eingetragenen Motive sind dem Leser bereits geläufig: der „Kosmos“, „Licht und Finsternis“, „wissen und nicht wissen“, „glauben und nicht glauben“, „sehen und nicht sehen“, „der Gesandte“, „Gericht“ und einige mehr. Aus dem Prolog heraus werden diese Phänomene entwickelt und in den einzelnen Geschichten durchgespielt. In unserer Episode Joh 9 bringt der Autor diese johanneische Theologie in einer Heilungsgeschichte und einem anschließenden Verhandlungsmarathon dramatisch auf den Punkt.

Das Buch Jona als Testfeld

Kontextabgrenzung und -einordnung

Wenn Sie den Blick auf das gesamte Jonabuch werfen, ist natürlich klar, dass das Buch in 1,1 beginnt und in 4,11 endet. Es gibt also keine Kriterien zur Abgrenzung nach vorne und nach hinten. Was man aber sagen kann: Das Buch beginnt relativ unvermittelt und ohne explizite Exposition mit dem „Wort des Herrn“ und endet sehr offen mit dieser Bemerkung des Herrn: „Soll ich da nicht Mitleid haben mit Ninive, der großen Stadt, in der mehr als hundertzwanzigtausend Menschen leben, die zwischen rechts und links nicht unterscheiden können – und außerdem so viel Vieh?“ Das Buch ist also in einem größeren Rahmen zu lesen, und zwar im Zusammenhang des Zwölfprophetenbuches. Hier hat es seinen eigenen Platz und seine eigene Bedeutung.

„In der Sammlung der zwölf kleinen Propheten stellt das Buch Jona eine Kuriosität dar, denn es ist keine Sammlung von Prophetensprüchen (wie die anderen elf), sondern eine Geschichte. Um ganz genau zu sein: eine didaktische Erzählung mit stark satirischen Anklängen“ (Friedemann Golka).

Informieren Sie sich über diesen Zusammenhang und über die Bedeutung des Buches Jona in dem genannten Zusammenhang!

Wenn Sie den Blick auf ein Kapitel im Jonabuch richten, ergeben sich sehr wohl Kriterien für die Abgrenzung. Zur Übung können Sie die vier Kapitel voneinander abgrenzen. Achten Sie dabei vor allem auf:

- Wiederholungen zu Beginn der Kapitel
- Personenwechsel
- Orts- und Zeitwechsel
- Wechsel der Erzählsituation
- Neue thematische Schwerpunkte
- Rahmende Elemente

Beschreiben Sie auch den Stand der Erzählung zu Beginn eines jeden neuen Kapitels:

- Welche Entwicklung nimmt Jona?
- Wie ist das Verhältnis zwischen Jona und dem Herrn charakterisiert?
- Wie steht es um die Rettung Ninives?

Lesetipp: Mit sehr guten Übersichten und der Einordnung im Zwölfprophetenbuch Scoralick, Ruth: Jona – ein kunstvoll komponiertes Buch, in: Bibel heute 176 (2008) S. 7–9.

Auf den Punkt gebracht
Mit dem doppelten Arbeitsschritt Kontextabgrenzung und -einordnung vergewissern Sie sich mit Hilfe entsprechender Kriterien der Ihnen vorliegenden Textgestalt und ordnen Ihren Text in seinen literarischen Kontext ein.

Sich ein Bild vom Text machen: Die Segmentierung

Die Segmentierung bietet durch ihre grafische Zerlegung des Textes in kleinste Leseeinheiten eine bessere Übersicht über die jeweilige Struktur und stellt damit eine sehr gute Grundlage für die gezielte Lektüre des Textes dar. Ziel dieses Arbeitsschrittes ist es, sich selbst eine übersichtliche Darstellung des Textes zu erarbeiten, anhand derer die weiteren Methodenschritte durchgeführt werden.

Für die Segmentierung eines Textes stehen zwei Gliederungsrichtungen zur Verfügung: Die *vertikale Gliederung* teilt den Text in Zeilen ein. Hierbei wird durch die Kenntlichmachung der groben syntaktischen Ordnung die Binnenstruktur des Teiltextes deutlich. Die *horizontale Gliederung* hebt die im Erzähltext angelegten Erzähl- bzw. Kommunikationsebenen hervor.

Segmentierung von Erzähltexten

Die vertikale Gliederung für Erzähltexte (und auch für besprechende Texte innerhalb von Erzähltexten) orientiert sich zunächst an den *Hauptsatzprädikaten,* es wird also für jede neue Hauptsatzverbform eine neue Zeile angefangen. Einzelne Abschnitte des Textes werden durch Leerzeilen voneinander abgetrennt, so etwa bei zusätzlichem Subjektwechsel, Zeitangaben, Schlussfolgerungen oder Ähnlichem. Je nach Beschaffenheit des Textes gibt es außerdem die Möglichkeit, für Nebensätze, Partizipialkonstruktionen und Infinitivkonstruktionen neue Zeilen (ohne Leerzeilen dazwischen) zu beginnen. Durch eine solche vertikale Gliederung werden innerhalb eines Textes kleinere Einheiten wie *Sequenzen, Szenen und Episoden* im Fall von Erzähltexten, *logische Einheiten* im Fall von besprechenden Texten sichtbar. Hier gilt jedoch das Motto: Die Segmentierung soll der Übersicht dienen und nicht den Zugang zum Text erschweren.

Für die *horizontale Gliederung* sind sogenannte Textebenen zu entwickeln, die bei der Darstellung durch Einrückung kenntlich gemacht werden können. Folgende Ebenen sind für narrative Texte auszumachen:

Textebene der Metakommunikation: Der Autor erzählt nicht, sondern verständigt sich mit dem Leser über den Text, den er erzählt hat oder erzählen wird oder über dessen Verhältnis zu sonstigen Texten (vgl. Joh 20,30f. oder 21,24f.).

> *Textebene der fortlaufenden Handlung/der erzählten Welt:* Ebene der fortlaufenden Handlung (die ganze erzählte Geschichte). Hier werden alle Sätze angeordnet, deren Prädikat die Handlung einer der Figuren der erzählten Welt bezeichnet – gleichgültig, ob transitiv oder intransitiv, verbal oder nonverbal gehandelt wird (vgl. Joh 9,6–7a).
>
> > *Textebene der besprochenen Welt:* Ebene der Kommunikation der Figuren der erzählten Welt. Hier werden die als wörtliche Rede abgehobenen Textteile angeordnet, mit denen sich die Figuren der erzählten Welt miteinander verständigen (vgl. Joh 9,2: „Rabbi, wer hat gesündigt?").
> >
> > > *Textebene der zitierten Welt:* Hier werden vor allem Schriftzitate aus dem Alten Testament oder anderen Quellen im Munde der Erzählfiguren angeordnet (vgl. Joh 9,11: „Geh zum Schiloach und wasch dich" ist ein Zitat, das dem Blindgeborenen in den Mund gelegt wird; oder Joh 1,23: „... die Stimme eines Rufers in der Wüste" ist ein Zitat aus Jes 40,3).

Zwischen der reinen metakommunikativen Ebene und der Erzählebene gibt es in den biblischen Texten noch eine Zwischeninstanz: Während die reine Metakommunikation ja die direkte Anrede des Lesers impliziert, begegnen häufig Hintergrundinformationen, die den Gang der Handlung nicht vorantreiben, sondern für die Rezipienten wichtige Leseanweisungen darstellen. Man kann solche Sätze oder Wendungen „Erzählerkommentare" nennen. Da wir uns grundsätzlich auf der Ebene der erzählten Welt befinden, bietet sich als Darstellungsform die *kursive Schrift* an.

Beispiel: „... das heißt übersetzt: der Gesandte", Joh 9,7. Dieser Vers spielt sich nicht direkt auf der Ebene der erzählten Handlung ab, sondern beinhaltet eine Hintergrundinformation für den Leser (vgl. auch 9,22–23).

Segmentierung von besprechenden Texten

Für die Gliederung von besprechenden Texten, also etwa von Psalmen, Briefen und wörtlichen Reden in Erzählungen, geht man ebenfalls zunächst von der vertikalen Anordnung der Hauptsatzprädikate aus. Dabei gilt, dass elliptische Sätze wie vollständige Hauptsätze behandelt werden.

Ellipsen sind Sinneinheiten, denen das Hauptsatzprädikat fehlt, so etwa in den Präskripten und Postskripten der neutestamentlichen Briefe und in hymnischen bzw. doxologischen Teiltexten. Um die Übersicht der manchmal sehr komplizierten Satzkonstruktionen zu erleichtern, bietet es sich an, Nebensätze oder Partizipialkonstruktionen einzurücken.

Textbeispiel Joh 9

1 Unterwegs sah Jesus einen Mann, der seit seiner Geburt blind war.

2 Da fragten ihn seine Jünger:
„Rabbi, wer hat gesündigt? Er selbst oder seine Eltern, sodass er blind geboren wurde?"

3 Jesus antwortete:
„Weder er noch seine Eltern haben gesündigt,
sondern die Werke Gottes sollen an ihm offenbar werden.
4 Wir müssen, solange es Tag ist, die Werke dessen vollbringen,
der mich gesandt hat;
es kommt die Nacht, in der niemand mehr wirken kann.
5 Solange ich in der Welt bin, bin ich das Licht der Welt."
6 Als er dies gesagt hatte, spuckte er auf die Erde;
dann machte er mit dem Speichel einen Teig,
strich ihn dem Blinden auf die Augen
7 und sagte zu ihm:
„Geh und wasch dich in dem Teich Schiloach!"
Das heißt übersetzt: der Gesandte.

Der Mann ging fort und
wusch sich.
Und als er zurückkam, konnte er sehen.

8 Die Nachbarn und jene, die ihn früher als Bettler gesehen hatten,
sagten:
„Ist das nicht der Mann, der dasaß und bettelte?"

9 Einige sagten:
„Er ist es."

Andere sagten:
„Nein, er sieht ihm nur ähnlich."

Er selbst aber sagte:
„Ich bin es."

10 Da fragten sie ihn:
„Wie sind deine Augen geöffnet worden?"

11 Er antwortete:
„Der Mann, der Jesus heißt, machte einen Teig,
bestrich damit meine Augen
und sagte zu mir:
Geh zum Schiloach und wasch dich!
Ich ging hin,
wusch mich
und konnte sehen."

12 Sie fragten ihn:
„Wo ist er?"

Er sagte: „Ich weiß es nicht."

Anmerkungen zur Segmentierung

Die Segmentierung zeigt auf den ersten Blick verschiedene Details, die im Text angelegt sind: Man sieht, wo im Text überwiegend gehandelt wird und wo überwiegend besprochen wird. Man erkennt, wie viele und welche Figuren oder Figurengruppen im Einsatz sind, kann ihre Handlungs- und Gesprächsanteile voneinander abgrenzen und einschätzen, wer die Geschichte auf welche Weise vorantreibt. Man sieht auch, ob der Autor sich direkt an den Leser wendet, was in diesem Textausschnitt nicht geschieht, oder ob er spezielle Hintergrundinformationen anbietet, hier etwa V. 7b.

Vorläufige Gliederung des Textes

Auf der Grundlage der unter oben bereits genannten Abgrenzungskriterien sowie der Beobachtungen, die aus der Segmentierung des Textes resultieren, ergibt sich eine erste Gliederung. Ich erläutere das sofort an unserem Textbeispiel:

In 9,1 wird offenkundig eine neue Episode eröffnet (vgl. Kontextabgrenzung). In diesem Vers werden die beiden entscheidenden Figuren der folgenden Erzählung vorgestellt. Durch die neu hinzutretende Figurengruppe (Die Jünger) in V. 2 wird eine erste Szene angezeigt, die sich über V. 2–5 erstreckt.

„Das literarische Geschick des Evangelisten zeigt sich im Aufbau, der dramatisch und durch die wechselnden Szenen gesteigert wird" (Rudolf Schnackenburg).

In V. 6 beginnt mit „Als er dies gesagt hatte" eine zweite Szene. Durch das Pronomen „dies" wird die vorangehende Kommunikation zusammengefasst und somit auf einen Neueinstieg hingewiesen.

Nicht nur der klare inhaltliche Abschluss in V. 7 – „als er zurückkam, konnte er sehen" –, sondern auch die neue Figurenkonstellation in V. 8 lassen hier einen weiteren Abschnitt einsetzen: Waren in der ersten Szene Jesus und die Jünger, in der zweiten Szene Jesus und der Blindgeborene die Akteure, treten nun die Nachbarn auf den Plan. Zusätzlich weist die Zeitangabe „früher" in V. 8 darauf hin, dass sich ein vormaliger Zustand geändert hat und dass nun über etwas Neues geredet wird.

In V. 13 wird durch einen Ortswechsel und eine Änderung der Figurenkonstellation – „sie brachten ihn zu den Pharisäern" – wiederum ein Neueinstieg inszeniert, der durch den Autorenkommentar „Es war aber Sabbat an dem Tag" unterstützt wird.

In V. 15 beginnt dann die eigentliche Handlung der 4. Szene, wobei durch das Adverb „wieder" eine neue Runde in der Verhandlung angedeutet wird. Auch diese Szene endet mit einem Ausspruch des Blindgeborenen: „Er ist ein Prophet" (V. 17).

Die völlig neue Figurenkonstellation in V. 18 kündigt die 5. Szene an. Zum ersten Mal treten „die Juden" auf, die mit den Eltern des Blindgeborenen – ebenfalls eine neue Figurengruppe – in Konfrontation gestellt werden. Der lange Autorenkommentar (V. 22–23) schließt diese Szene ab, indem er eine Begründung für das vorangehende Gespräch liefert.

Mit dem Wiederholungssignal „zum zweiten Mal" wird die 6. Szene eingeleitet. Auch hier greift das Kriterium der wechselnden Figurenkonstellation, denn erneut stehen sich hier der Blindgeborene und die Pharisäer gegenüber. Diese Szene weist in V. 34 einen klaren Schluss auf: „Und sie stießen ihn hinaus."

Zwar stellt die wörtliche Wiederaufnahme dieser Worte in V. 35 einen engen Bezug zum Vorangehenden her, dennoch beginnt hier die 7. Szene, da die Figur Jeus nach längerer Abwesenheit wieder in das Geschehen eintritt. Diese Szene schließt, übrigens anders als in der Gliederung der Einheitsübersetzung (!), in V. 38 mit einer erneuten Aussage des Blindgeborenen sowie einer deutlichen Abschlusshandlung: „Er sagte aber: Ich glaube, Herr! Und er warf sich vor ihm nieder".

Die Verse 39–41 hängen ebenfalls stark mit dem Vorangehenden zusammen, die erneute Veränderung der Figurenkonstellation – Jesus wird einige Mal in der gesamten Episode in direkten Kontakt mit den Pharisäern gestellt – legt die Entscheidung für eine 8. Szene nahe.

Daraus ergibt sich folgende Übersicht über die gesamte Episode:

V. 1	Exposition
V. 2–5	Erste Szene
V. 6–7	Zweite Szene
V. 8–12	Dritte Szene
V. 13–17	Vierte Szene
V. 18–23	Fünfte Szene
V. 24–34	Sechste Szene
V. 35–38	Siebte Szene
V. 39–41	Achte Szene

Das Buch Jona als Testfeld

Segmentierung und vorläufige Gliederung

An dieser Stelle kann nur der Einstieg in die Segmentierung vorgestellt werden:

1 Das Wort des HERRN erging an Jona, den Sohn Amittais:
  2 Mach dich auf den Weg
  und geh nach Ninive, der großen Stadt,
  und rufe über sie aus, dass ihre Schlechtigkeit zu mir heraufgedrungen ist.

3 Jona machte sich auf den Weg;
doch er wollte nach Tarschisch fliehen, weit weg vom HERRN.
Er ging also nach Jafo hinab
und fand dort ein Schiff, das nach Tarschisch fuhr.
Er bezahlte das Fahrgeld und ging an Bord, um nach Tarschisch mitzufahren, weit weg vom HERRN.

4 Der HERR aber warf einen großen Wind auf das Meer und es entstand ein gewaltiger Seesturm und das Schiff drohte auseinanderzubrechen.

5 Da gerieten die Seeleute in Furcht
und jeder schrie zu seinem Gott um Hilfe.
Sie warfen sogar die Ladung ins Meer, damit das Schiff leichter wurde.

Versuchen Sie bitte selbstständig, den weiteren Text zu segmentieren und damit für Ihre weitere Lektüre vorzubereiten. Besonders interessant ist der sogenannte Jonapsalm in Kapitel 2: Hier ist in den Erzähltext ein nicht-erzählender Text eingebaut! Eine vollständig segmentierte Textfassung des Jonabuches finden Sie im Anhang.

In der Literatur ist man sich einig, dass das Jonabuch aus zwei großen Teilen besteht:
Kapitel 1 und 2 = Teil 1
Kapitel 3 und 4 = Teil 2

Auf den Punkt gebracht
Durch die Segmentierung verschaffen Sie sich einen selbst erarbeiteten Überblick über Ihren Text. Es entsteht ein Bild, auf dem Sie schon viele Eigenarten des Textes erkennen können, das eine erste, vorläufige Gliederung anbietet und das Ihnen die weiteren Analyseschritte erleichtert.

7 Die sprachlich-strukturelle Analyse

Wörter, Sätze, Textbausteine

Die *sprachlich-strukturelle Analyse* beschäftigt sich mit der genauen *Organisation* der Zeichen im Text, fragt also unter Berücksichtigung aller Regeln der grammatikalischen Kunst auf Text-, Satz- und Wortebene, inwieweit sich ein Bibeltext als strukturell sinnvolle Größe ausweisen lässt. Damit wird einerseits die Beobachtung, dass die Sinnkonstituierung eines Textes einzig und allein über den Text selbst realisierbar ist, auch methodisch umgesetzt; andererseits besteht durch einen ersten Zugang über formale Kriterien die Möglichkeit, eine möglichst direkte Annäherung, also eine überwiegend vorurteilsfreie Begegnung mit dem Text zu gewährleisten. Dieser Methodenschritt fragt nach den Beziehungen der im Text verwendeten sprachlichen Mittel sowie den Regeln, nach denen die Elemente des Textes verknüpft sind.

Die sprachlich-strukturelle Analyse befasst sich

- auf der Ebene der *Lautgestalt* mit der äußeren Anordnung der Wörter, insbesondere der Wiederholung von phonetisch gleichen oder ähnlichen Wörtern und den Mustern, die sich daraus ergeben,
- auf der *Textebene* mit der logischen Verknüpfung der einzelnen Sätze und
- auf der *Satzebene* mit der Zusammenstellung von Subjekt, Prädikat, Objekt, Adressat zu Prädikation und der Zuordnung der anderen Satzteile dazu.

> „Sowohl ein Gespräch als auch ein Text leben von ihrer rhetorischen Brillanz, denn jeder Äußerung, egal ob schriftlich oder mündlich, liegt immer der Wunsch zugrunde, den Adressaten in irgendeiner Weise von einer Botschaft zu überzeugen" (Wilhelm Egger).

Die Arbeit an der *Materialität* des Textes, die in der sprachlichen Analyse geleistet wird, mag zunächst mühsam und wenig aussagekräftig erscheinen, aber vor allem aus zwei Gründen stellt sie eine wichtige Grundlage für die weiteren Analyseschritte dar:

Die Bedeutung eines Textes, sein Sinn, ist nicht etwas, das der Autor hinter der äußeren Form versteckt und das genau dort gesucht werden müsste. Vielmehr ist jeder Autor auf sprachliche Strukturen angewiesen, um Sinn zu konstituieren. Zugang zum Inhalt, das heißt zum Verstehen des Textes, ist nur über die Beobachtung der sprachlichen Gestalt möglich. Nur durch die Form erhält der Leser Hinweise, was er wie verstehen soll, was das Wichtigste ist, worum es geht. Sprachlich-strukturelle Beobachtungen werden also zu dem Zweck gemacht, sie auf ihre Funktion im Text hin auszuwerten.

Die Beschreibung der sprachlichen Gestaltungsmittel im Text ist gerade durch ihre Formalität ein Mittel, den Text möglichst objektiv zu lesen. Nachfolgende Interpretationen können immer wieder und auch für andere nachvollziehbar an den Text zurückgebunden werden. So bleibt die Gefahr geringer, an den Text von vornherein mit systematisch-theologischen Fragestellungen heranzutreten, ohne ihn als den Text, der er ist, wahr- und ernstzunehmen.

Stichwort Formgeschichte/ Formkritik und die Frage nach der Textgestalt

Die Formkritik richtet den Blick auf die Verortung eines Textes in seiner vorgegebenen sprachlichen Welt. Dabei steht die Untersuchung der sprachlichen Gestaltung auf allen Ebenen des Textes (Wort-, Satz- und Textebene) im Mittelpunkt. Dabei ist auch das Erkennen von bestimmten Redewendungen sowie die Wahrnehmung der Gattungen der entsprechenden Texte wichtig" (vgl. Stichwort Gattung) (Wilhelm Egger).

Sprachliche Analyse auf der Ebene der (Laut-)Gestalt

Bei diesem Aspekt der sprachlichen Analyse geht es um die Identifizierung von regelmäßigen Mustern auf der Ebene der äußeren (Laut-)Gestalt des Textes. Es wird danach gefragt, wie sich aus der Wiederholung von gleich oder ähnlich lautenden Wörtern Muster ergeben. Dabei ist insbesondere auf folgende Stilmittel zu achten:

- *Anapher:* Mehrere Wörter hintereinander beginnen mit dem gleichen Laut oder der gleichen Silbe (A–B, A–C, A–D usw.).
- *Epipher:* Mehrere Wörter hintereinander enden auf dem gleichen Laut oder der gleichen Silbe (B–A, C–A, D–A usw.).
- *Parallelismus:* Mehrere Wörter wiederholen sich so, dass zwei Sätze oder Satzteile parallel gebaut sind (A–B–C, A–B–C). Häufiger sind allerdings Parallelismen auf semantischer Ebene, bei denen nicht exakt die gleichen Wörter wiederholt werden, sondern bedeutungsgleiche, „synonyme" Wörter.
- *Chiasmus:* Mehrere Wörter wiederholen sich so, dass sie über Kreuz stehen (A–B, B–A) und sich, wenn man die beiden Reihen untereinander setzt und die jeweils gleichen Elemente durch eine Linie verbindet, der Buchstabe X ergibt, der im Griechischen „Chi" genannt wird.
- *Palindromie:* Mehrere Wörter wiederholen sich so, dass sich eine Ringkomposition ergibt, bei der ein zentrales Element von mehreren identischen Elementen in jeweils größere Ringe eingeschlossen wird (A–B–C–B–A).
- *Inklusion:* Ein Teiltext wird durch die Wiederholung von mehreren Wörtern, die sowohl am Anfang als auch am Ende auftauchen, eingeschlossen.

Sprachliche Analyse auf der Ebene des gesamten Textes

Auf der Ebene des Textes wird die Zusammenstellung der einzelnen Sätze zu einem mehr oder weniger kohärenten Ganzen untersucht. Dazu erstellt man zunächst ein Inventar der verwendeten Satzarten:

- Gibt es neben Aussagesätzen auch Fragesätze und Aufforderungssätze?
- Herrschen Nominalsätze – Sätze ohne Verb oder mit dem Hilfsverb „sein" – oder Verbalsätze vor?
- Sind die einzelnen Sätze einfach strukturiert? Oder gibt es zahlreiche Nebensätze und/oder kompliziertere Partizipial? Dominieren Infinitivkonstruktionen?
- Daraufhin wird die Verknüpfung der Sätze durch Konjunktionen untersucht:
- Gibt es Konjunktionen und/oder Partikel, die eine logische Verknüpfung der Sätze untereinander anzeigen?
- Sind die Sätze untereinander durch Wiederholungen und/oder mittels Pronomina verknüpft?
- Wie viele Ebenen der Kommunikation werden eröffnet? In erzählenden Texten: Wie ist das quantitative Verhältnis von erzählendem Text und wörtlicher Rede?

Sprachliche Analyse auf der Ebene einzelner Sätze

Schließlich wird die Verknüpfung der einzelnen Wörter zu sinnvollen Sätzen untersucht. Auch hier ist es sinnvoll, zunächst einmal festzustellen, welche sprachlichen Möglichkeiten der Text überhaupt realisiert, wie groß sein Wortschatz ist und welche grammatischen Konstruktionen besonders häufig vorkommen. Entscheidend ist es, die auffälligen Besonderheiten herauszuarbeiten und zu fragen, welche Bedeutung sie für den Charakter des Textes haben.

- Gibt es Worte oder Wendungen, die *wiederholt* werden? Mehrfache Wiederholungen lassen darauf schließen, dass es um die Ausdifferenzierung eines Themas unter verschiedenen

Aspekten geht. Fehlen Wiederholungen, wird das Thema des Textes dagegen fortlaufend entwickelt.

- Welche *Wortarten* verwendet der Text? Taucht eine Wortart besonders häufig auf? Fehlt eine Wortart ganz?
  Nomina – besonders Abstrakta – sind eher typisch für argumentative Texte. Auffallend viele Verben in der Vergangenheitsform sprechen für einen erzählenden Text. Gibt es viele *Pronomina*, geht es um die Kommunikationsteilnehmer und ihre Beziehung. *Konjunktionen* und Partikel deuten auf dichte logische Verknüpfung hin.
- Welche *Wortformen* – insbesondere Verbformen – werden verwendet?
  Bei den Verben sind vor allem die Zeitformen wichtig, weil sich an ihnen besprechende von *erzählenden* Texten unterscheiden lassen. Überwiegen Vergangenheitstempora, handelt es sich um einen erzählenden Text; haben dagegen Präsens- und Futurformen das Übergewicht, handelt es sich um einen besprechenden Text.

Lesetipp: Fischer, Georg: Wege in die Bibel.
Leitfaden zur Auslegung, Stuttgart 2000, S. 133–140.

Leitfragen zur Sprachlich-syntaktischen Analyse

Wortschatz

- Stellen Sie fest, ob Ausdrücke und Sätze wiederholt werden oder ob eine Vorliebe für bestimmte Wendungen besteht.
- Fallen Ihnen besonders theologisch anmutende Begrifflichkeiten auf?
- Lassen sich aus der Wortwahl schon erste Schlüsse für theologische Akzente des Textes ziehen?

Wortarten und Wortformen

- Bestimmen Sie die wichtigsten Wortarten und Wortformen des Textes!
- In welchem Verhältnis stehen die im Text auffindbaren Wortarten (Substantive, Verben, Adjektive, Adverben, Präpositionen ...)?
- Welche Feineinstellungen ergeben sich durch die Beobachtung der Wortformen (Imperative, Negationen, Passivformulierungen, Tempuswechsel)?
- Ergibt sich durch diese Erkenntnisse ein gezielterer Blick auf die Schwerpunkte des Textes?

Verknüpfungen von Wörtern und Sätzen

- Erkennen Sie eine Vorliebe für bestimmte Satzarten (Aussagesätze oder Fragesätze)?
- Ist der Text geprägt von einer einfachen Struktur (Aneinanderreihung von Aussagen) oder arbeitet er mehr mit Nebensatzkonstruktionen?
- Welche Formen der Satzverknüpfung werden verwendet (kausal, temporal, adversativ)?

Stil/Stilmittel

- Wie würden Sie den Stil des Texts insgesamt beschreiben?
- Können Sie im Text konkrete Stilfiguren erkennen? (Strukturelle Stilmittel sind unter anderem: Alliteration, Anapher, Epipher, Chiasmus, Parallelismus, Wiederholung, Inklusion. Inhaltliche Stilmittel sind unter anderem Personifizierung, Ironie, Übertreibung, Antithesen.)

Aufbau und Gliederung

- Wiederholungen von Wortfolgen?
- Inwieweit werden Erzählung und/oder wörtliche Rede verwendet?
- Wechsel von Personen, Orten, Zeiten, Themen?

Zusammenfassung und Auswertung:

- Welche Erkenntnisse ziehen Sie aus den vorangehenden Beobachtungen für die Gliederung und die innere Struktur des Textes?

Textbeispiel Joh 9

Ich gehe die acht Szenen unseres Textbeispiels durch und benenne stichwortartig einige ausgewählte sprachlich-strukturelle Besonderheiten.

Exposition und Szene 1

- Die Exposition beginnt mit der auffälligen Frontstellung des Wortes „unterwegs" (eigentlich ein Partizip), das als adverbiale Bestimmung zum Hauptsatzverb („sah") fungiert. Im übrigen Textverlauf wird auf solche Bestimmungen verzichtet und fast durchgehend mit übersichtlichen Aussagesätzen gearbeitet.
- An den Eröffnungsvers, der logisch erst in V. 6 fortgesetzt wird, schließt sich ein klar strukturiertes Lehrgespräch an (V. 2–5), womit ein erster Klärungsversuch über den zu verhandelnden Sachverhalt der Blindheit der eigentlichen Wunderhandlung vorangestellt ist.
- Auf die Frage der Jünger reagiert Jesus mit einer längeren Antwort, die durch eine Verschiebung der Perspektive gekennzeichnet ist: V. 3 gibt zunächst eine allgemeine Antwort auf die akademische Frage und verweist darauf, dass es nicht darauf ankommt, ob jemand gesündigt hat, sondern vielmehr darauf, „dass die Werke Gottes an ihm geoffenbart werden sollen". Ab V. 4 ändert sich der Numerus: Zunächst wechselt der Autor zur 2. Person Plural „wir", um dann in V. 5 die Person Singular „ich" – also Jesus – in den Blick zu nehmen.

Szene 2

- Die Beschreibung der eigentlichen Wundergeschichte wird syntaktisch sehr einfach und übersichtlich beschrieben (V. 6–7).
- Den drei aktiven Verben der Figur Jesus stehen drei Handlungen des Blindgeborenen gegenüber, die getrennt werden durch den einzigen Redeteil dieser Szene. Hier wird also hauptsächlich gehandelt und nur wenig gesprochen.
- In der staccatoartigen Sprechhandlung der Figur Jesus (V. 7a) fällt der doppelte Imperativ („Geh und wasch dich") auf, der die Eindringlichkeit der Aufforderung an den Blindgeborenen andeutet.
- In V. 7c wird das „gehen" und „waschen" auf der Ebene der erzählten Handlung wieder aufgegriffen und damit ein Parallelismus zur vorangehenden Sprechhandlung konstruiert. Auf diese Weise bekommt der beschriebene Vorgang seine besondere Bedeutung für den Ablauf der Heilung.

Szene 3

- Diese Szene besteht aus konsequent aneinandergereihten und unverbundenen Sprechhandlungen. Das wird dadurch deutlich, dass auf der Erzählebene ausschließlich Verben des Sagens zum Einsatz kommen.
- Die Szene wird mit einer Frage eingeleitet, die das zu behandelnde Objekt mit zwei Charakteristika näher bestimmt: „der Mann, der dasaß und bettelte" (V. 8).
- Die Gruppe der Nachbarn teilt sich bei der Antwortfindung in zwei Lager auf, die – parallel formuliert – gegensätzliche Antwortmöglichkeiten bereitstellen (V. 9ab).
- Die entstandene Ratlosigkeit wird durch ein kurzes knappes „Ich bin es" (V. 9c) ausgeräumt. Wenn der Autor dem Blindgeborenen diese Aussage in den Mund legt, erinnert er den Leser daran, dass dies eigentlich eine Formulierung ist, die zuvor im Evangelium mehrfach der Figur Jesus in den Mund gelegt wurde (vgl. Joh 4,26; 6,48; 8,12), sodass bereits auf der sprachlichen

Ebene eine gewisse Verbundenheit zwischen Jesus und dem Blindgeborenen angedeutet wird.

- Ab V. 10 wird nach dem „Wie“ der Heilung (V. 10) und dem „Wohin“ des Wundertäters (V. 12) gefragt. Im Hintergrund steht die Frage nach dem Wissen um das Geschehene.
- Die Antwort auf das „Wie“ ist parallel formuliert zur Beschreibung des Heilungsprozesses in der zweiten Szene (V. 11), wobei auffällt, dass die Beschreibung des Heilungsprozesses von Mal zu Mal etwas knapper wird.

Szene 4

- Der eröffnende V. 13 beginnt mit dem Transport des Blindgeborenen zu den Pharisäern. Auffällig ist die neue Formulierung: „der blind gewesen war“.
- Der Autorenkommentar in V. 14 bringt zusätzlich die bisher noch nicht erwähnte Sabbatproblematik auf den Plan und schafft auf diese Weise besondere Aufmerksamkeit.
- V. 15 wird mit „auch“ eröffnet, das heißt die Frage der Pharisäer nach dem „Wie“ der Heilung wiederholt die zuvor geschilderte Fragerunde bei den Nachbarn.
- Die Antwort ist wiederum als übersichtlicher Block gestaltet (V. 16), sie wird nur noch einmal knapper zusammengefasst und durch eine kleine Nuance in der Wortwahl spezifiziert: Statt „bestreichen“ ist hier von „auf die Augen legen“ die Rede.
- Der zweite Teil der Szene (ab V. 16) erinnert an die dritte Szene: Die Gruppe der Pharisäer wird in zwei Teile mit unterschiedlichen Aussagen aufgeteilt, wobei sie keine unterschiedlichen Grundpositionen vertreten, sondern vielmehr verschiedene Argumentationen eingebracht werden, die schließlich in einer Spaltung münden. Die Wiederaufnahme des Sabbatmotivs knüpft dabei an V. 14 an. Interessant ist übrigens auch, dass gerade die Gruppe der Pharisäer die umstrittene Wunderhandlung als „Zeichen“ (Semeion) bewertet.

- Die Abschlussfrage der Phariäer (V. 17) erhält durch den Eintrag „noch einmal“ einen hartnäckigen Charakter. Erstaunlicherweise wird der Blindgeborene hier einmalig mit dem Begriff „Blinder“ bezeichnet, womit die Haltung der Pharisäer angesprochen sein dürfte, die trotz der Fragen mit dessen Sehendwerden nicht zurechtkommen.
- Mit der direkten Frage nach der Identität des Wundertäters wird der Blindgeborene provoziert, sich mit Jesus in Verbindung zu bringen, und reagiert mit einer klaren Antwort: „Er ist ein Prophet.“

Szene 5

- Mit der Einführung der neuen Figurengruppe „die Juden“ und einer aussagekräftigen Verneinung („wollten nicht glauben“) beginnt die nächste Diskussionsrunde. Die dreimalige Verwendung der Gruppenbezeichnung (V. 18.22ab) weist darauf hin, dass es sich hier um einen Kulminationspunkt handelt, denn in der übrigen Episode fehlt diese Bezeichnung.
- Die gesamte Szene ist durchzogen von unterschiedlichen Formulierungen für den Zusammenhang von Blindheit und Sehen: „blind gewesen und sehend geworden“; „der von der Blindheit Geheilte“; „blind geboren ... jetzt sehen“.
- Die Verhandlung wird mit einer Doppelfrage eröffnet, die sich um die Identität des Blindgeborenen sowie um das „Wie“ der Heilung dreht.
- Der Redeblock, der den Eltern in den Mund gelegt wird, ist wesentlich ausführlicher und komplexer gestaltet: Zunächst werden die beiden Fragen eindeutig beantwortet, wobei durch „wir wissen“ und „wissen wir nicht“ die Wiederaufnahme aus dem Redestück der Juden gerahmt und somit die erste Frage positiv, die zweite aber negativ beantwortet wird.
- Die Antwort (V. 20–21) bringt aber noch einen neuen Aspekt, nämlich eine Aussage über den Täter, die auf diese Weise

gar nicht erfragt wurde und ebenfalls mit „wissen wir nicht“ beschieden wird.

- In V. 22 nimmt sich der Autor Zeit, das Vorangegangene ausführlich zu kommentieren, und gibt als Grund für die Antwort der Eltern ihre „Angst vor den Juden“ an. Er begründet dies mit einem geschichtlichen Argument, das auf den Synagogenbann („aus der Synagoge ausstoßen“) hinweist – darüber wird später noch zu sprechen sein.

Szene 6

- Mit der wiederholenden Zeitangabe „zum zweiten Mal“ wird die zweite Vorladung des Blindgeborenen durch die Pharisäer eröffnet. Dabei fällt auf, dass es nun um „den Mann, der blind gewesen war“ geht.
- Die Szene ist von dem bereits bekannten Frage-Antwort-Schema geprägt und zeichnet sich durch eine klare Erzählstruktur aus, wobei sich eine Zweiteilung durch den wiederholten Einstieg „Da …“ (V. 24 und V. 27) ausmachen lässt.
- Auffällig ist der Einstieg in die erste Sprechhandlung, was durch einen Imperativ geschieht: „Gib Gott die Ehre“ (V. 24b). Zusammen mit dem anschließenden Hinweis „Wir wissen …“ wird der Nachdruck sichtbar, mit dem die Figurengruppe nun auf eine Lösung drängt.
- Das ungeduldig wirkende Auftreten der Pharisäer pointiert der Autor, indem er ihnen einen Blindgeborenen gegenüberstellt, der zunächst gelassen, fast gelangweilt reagiert. Er gibt zwar korrekte, aber doch eher offene Antworten auf die Fragen (V. 25) und im zweiten Frageblock formuliert er dann sogar sehr selbstbewusst und ironisch gebrochen eine Provokation: „Wollt etwa auch ihr seine Jünger werden?“ (V. 27).
- Die Hilflosigkeit der Pharisäer schlägt im zweiten Teil der Szene um und sie beschimpfen den Blindgeborenen, wobei sie über den Vergleich der Jüngerschaft Jesu mit der Jüngerschaft des

Mose einen neuen theologischen Ansatz ins Spiel bringen. Sprachlich wird das Ganze durch die Kontrastierung von „Du“ und „Wir“ in Szene gesetzt und durch die mehrfache Gegenüberstellung von „Wissen“ und „Nichtwissen“ strukturiert.
- Auf die letzte Doppelfrage (V. 34), die mit Empörung auf die entlarvenden Ausführungen des Blindgeborenen reagieren, lässt der Autor die Pharisäergruppe die argumentative Ebene endgültig verlassen und setzt mit einer hilflosen Aktion den Schlussstrich unter diese Szene.

Szene 7
- Die Schlussaussage der vorangehenden Szene wird fast wörtlich zu Beginn der 7. Szene wiederaufgenommen.
- Die Aneinanderreihung selbstständiger Sätze wird nur ein einziges Mal unterbrochen, wenn in V. 35 der Hauptsatz durch die adverbiale Bestimmung „als er ihn traf“ ergänzt wird.
- Dem einleitenden Vers, in dem Jesus das erste Mal in dieser Episode auf der Erzählebene mit seinem Namen genannt wird, folgen zwei Fragen: Die Frage Jesu (V. 35b) nach seiner eigenen Identität (dem „Menschensohn“) wird mit einer Gegenfrage nach eben jener Identität beantwortet (V. 36) und durch einen erläuternden Nebensatz („damit ich an ihn glaube“) ergänzt. An dieser Stelle haben wir auch in der deutschen Übersetzung einmal ein offensichtliches Stilmittel: Das Stichwort „Glauben“ bildet einerseits den Rahmen der beiden Sprechhandlungen und gleichzeitig ergibt sich eine „chiastische“ Figur: Glaubst du ... Menschensohn – an ihn ... glaube. Strukturell ergibt sich zudem über das Stichwort „Glauben“ eine Verbindung zur 5. Szene.
- V. 37 gibt so etwas wie eine erlösende Antwort: Die Doppelaussage klärt den Blindgeborenen auf.
- Der Abschluss der Szene (V. 38) bleibt wiederum dem Blindgeborenen vorbehalten: Mit einem sehr knappen Redebeitrag

(„Ich glaube, Herr“) und einer ebenso knappen Schlussaktion („Und er warf sich vor ihm nieder“) kommt der beschriebene Prozess zu seinem Ende.

Szene 8

- Die letzte Szene ist als Dialog zwischen Jesus und den Pharisäern angelegt, wobei die Zwischenfrage der Pharisäer (V. 40) eigentlich nur den theologischen Schlussvortrag unterbricht.
- Sprachlich fällt in der ersten Aussage Jesu (V. 39) auf, dass die beiden zentralen Begriffe „Richten“ und „Welt“ als Klammer um die 1. Person Singular „bin ich gekommen“ gestellt sind. Damit wird nun theologisch die besondere Bedeutung Jesu hervorgehoben, was durch den begründenden Nachsatz „damit“ näher erläutert wird.
- Die Zwischenfrage der Pharisäer (V. 40) lässt eigentlich die Antwort „Nein“ erwarten. Die Antwort (V. 41) ist allerdings komplizierter und wendet das Wortspiel aus V. 39 auf die Situation der Pharisäer an: „Damit die nicht Sehenden sehen und die Sehenden blind werden“. Dabei fallen die Konjunktive „wärt“ und „hättet“ auf, die das Blindsein als positiv, das heißt als Zustand ohne Sünde, erscheinen lassen.

Zusammenfassung

Die sprachlichen Beobachtungen, die sich noch weiter ausbauen ließen, stützen die Gliederung der Episode in acht Szenen. Innerhalb der einzelnen Szenen werden durch entsprechende sprachliche Mittel die wichtigen Aussagen pointiert, während die Verbindung der einzelnen Szenen untereinander durch sprachliche Feinheiten hergestellt wird.

Das Buch Jona als Testfeld

Sprachlich-strukturelle Analyse

Führen Sie für das Jonabuch eine sprachlich-strukturelle Analyse durch. Nehmen Sie die Leitfragen zur Hand und achten Sie besonders auf Wortschatz, Wortarten und Wortformen, Verknüpfungen im Text und besondere Stilmittel.

Anmerkungen zur sprachlich-strukturellen Analyse des Jonabuches

Das Jona-Buch ist sprachlich insgesamt sehr klar und übersichtlich formuliert.

- Achten auf die Begriffe, die den speziellen Wortschatz prägen: der Name Jona, Flucht, Furcht, Schiff und Besatzung, Gottesbezeichnungen, Beschreibung der Situation in Ninive!
- Der Autor nutzt neben sehr ausdrucksvollen Verben auch verstärkt Adjektive, sodass an verschiedenen Stellen besondere Schwerpunkte gesetzt werden.
- Das Buch besteht vorrangig aus Aussagesätzen. Schauen Sie bitte genau, an welchen Stellen diese „normale" Strategie etwa durch Fragesätze unterbrochen wird.
- Schauen Sie auch auf die Satzanschlüsse: Wo werden Sätze unverbunden aneinandergereiht, wo gibt es logische Verknüpfungen?
- Finden Sie besondere Stilmittel? Der Einsatz von Ironie und Satire liegt schnell auf der Hand. Auch Wiederholungen und Inklusionen fallen ins Auge. Das Stilmittel der „Nachholung" wird häufiger eingesetzt: Der Leser erfährt erst nachträglich wichtige Details über einen bestimmten Vorgang.
- Eine absolute Besonderheit des Jonabuches ist die mehrfache Verwendung der sogenannten „figura etymologica", durch deren Verwendung zentrale Punkte in der Geschichte besonders

hervorgehoben werden. Dieses Stilmittel entsteht dadurch, dass einem Verb ein Nomen mit gleicher Wortwurzel folg: „sie fürchten eine große Furcht", „sie opferten Opfer", „sie gelobten Gelübde". Leider ist das in der Einheitsübersetzung nicht immer konsequent durchgeführt.

Hier lassen sich viele weitere Beobachtungen zusammentragen. Versuchen Sie, die vier Kapitel des Buches entsprechend zu bearbeiten und werten Sie Ihre Erkenntnisse aus, indem Sie eine Feingliederung des Textes erstellen.

„Das Buch Jona ist eine der schönsten und faszinierendsten biblischen Erzählungen. Das ungewöhnliche Prophetenbuch ist auf den ersten Blick eine recht einfache, auf den zweiten Blick eine kunstvoll erzählte Geschichte, die ihre Leser bis heute durch viele Wortspiele, Anspielungen, Unterbrechungen, offene Fragen und Humor anspricht" (Klaus Koenen).

Lesetipp: Golka, Friedemann: Jona, Stuttgart 1991;
Weimar, Peter: Jona, Freiburg 2017, S. 35–51.

Auf den Punkt gebracht

Mit Hilfe der sprachlich-strukturellen Analysen steigen Sie sehr intensiv und auf relativ neutrale Weise in den Text ein. Sie lernen ihn bis ins kleinste Detail kennen und können Ihre zu Beginn festgehaltene erste Gliederung aufgrund von sprachlichen Erkenntnissen verfeinern.

8 Die semantische Analyse

Motive, Bilder, Bedeutungslinien

Ziel dieses Analyseschrittes ist es, die gedankliche Struktur eines Texts herauszufinden, wie sie sich in den einzeln benutzten Wörtern und in deren Verknüpfung zu einem Text widerspiegelt. Denn wie der Leser dadurch Sinn konstituiert, dass er die formale Struktur eines Textes rezipiert (sprachlich-strukturelle Analyse), so macht ihm der Text auch in seiner semantischen Gestaltung ein Sinnangebot: Er entfaltet seinen Sinn unter ganz bestimmten, zusammenhängenden oder einander entgegengesetzten Aspekten, die es für den Leser herauszufinden gilt. Gefragt wird also nach der In-Beziehung-Setzung von bedeutungstragenden sprachlichen Einheiten.

Stichwort Semantik
Die Semantik ist die die Theorie oder Wissenschaft von der Bedeutung der Zeichen. Zeichen können in diesem Fall Wörter, Phrasen oder Symbole sein. Die Semantik beschäftigt sich typischerweise mit den Beziehungen zwischen den Zeichen und deren Bedeutungen.

Das semantische Organisationsprinzip unterscheidet sich je nach Textsorte: Eine Erzählung entwirft eine Welt, in der Figuren handeln, und soll in erster Linie den Zusammenhang und die Logik dieser Handlungen darstellen. Ein Brief versucht, eine Kommunikation zwischen Briefschreiber und Adressat herzustellen, die räumlich voneinander getrennt sind, und stellt diese Kommunikation so dar, als sei die räumliche Trennung aufgehoben. Eine Argumentation versucht, im Hinblick auf ein bestimmtes Thema eine These zu vertreten. Natürlich werden auch in Erzählungen Themen behandelt und in Briefen, in denen eigentlich die Argumentation die Hauptrolle spielt, wird bisweilen sogar erzählt (vgl. Gal 1,13 – 2,21).

Bei Erzähltexten setzt die *semantische* Analyse mit der *narrativen Analyse* ein, erst im Anschluss folgt die *textsemantische* Analyse im engeren Sinne. Die *wortsemantische* Analyse schließt diesen Teil ab. Sie versucht, die Bedeutung derjenigen Wörter zu erfassen, deren Sinn im Geflecht des Textes offen bleibt, oder derjenigen, die in der Lektüre besonders aufgefallen sind und somit offensichtlich eine wichtige Rolle spielen.

Handlungsstrukturen und Erzählfiguren: Die narrative Analyse

Die Analyse der Handlungsstruktur von Erzähltexten dient in erster Linie der Erhellung der erzählerischen Organisation. Innerhalb einer Erzählung werden die disparaten Handlungen und Ereignisse der wirklichen Welt in eine logische Ordnung gebracht, es werden situative Veränderungen geschildert, es handelt sich um eine bestimmte Form der poetischen Darstellung von Handlungen. Dabei bedingen sich zwei grundsätzliche Annahmen gegenseitig: Innerhalb der fiktiven Darstellungswelt sind *Handlungsträger* verantwortlich für den Verlauf der Erzählung; durch ihr Handeln und ihr gegenseitiges In-Beziehung-Setzen gewinnt der Erzähltext seine Kontur. Die dargestellten Handlungen der eingesetzten Akteure bilden ihrerseits das *Handlungsgerüst* einer Erzählung, das auch mit den Begriffen *Fabel* oder Plot bezeichnet wird.

Stichwort Narrativ und Narration
Die einfachste Definition lautet: „Was man sich so erzählt." In unserem Zusammenhang bedeutet es erzählend, die Erzählung betreffend, in erzählender Form darstellend.

Ein Ausflug in die Welt der russischen Zaubermärchen

Solch ein grundsätzlicher Ansatz der Erzählforschung lässt sich beispielsweise auf die elementaren Überlegungen des russischen Strukturalisten und Märchenforschers Vladimir J.

Propp zurückführen. Propp weist in seiner Analyse der russischen Zaubermärchen darauf hin, dass bestimmte narrative Funktionen mit unterschiedlichen konkreten Handlungen gefüllt werden können und auf diese Weise die erzählerische Organisation eines Textes grundlegend bestimmen. Unter solchen Funktionen werden die Aktionen bestimmter handelnder Personen verstanden, die unter dem Aspekt ihrer Bedeutung für den Gang der Handlung definiert werden. Für das russische Zaubermärchen lässt sich die Zahl solcher Funktionen begrenzen (Propp findet 31 Funktionen), ihre Reihenfolge ist stets ein und dieselbe, wobei das Fehlen einzelner Funktionen die Anordnung der übrigen Funktionen nicht verändert. Alle Zaubermärchen bilden auf diese Weise hinsichtlich ihrer Struktur einen einzigen Typ. Die Funktionen sind in charakteristischer Weise auf die handelnden Personen verteilt, sodass sich festgelegte Handlungskreise – also mögliche Rollen – ergeben.

Propp unterscheidet sieben verschiedene Handlungskreise:

- Gegenspieler/Schadenstifter (Schädigung; Kampf mit dem Helden)
- Schenker/Lieferant (Ausstattung des Helden mit dem Zaubermittel)
- Helfer (Raumvermittlung des Helden; Lösung der schweren Aufgabe)
- Zarentochter/gesuchtes Familienmitglied (Stellung der schweren Aufgabe, Kennzeichnung des Helden)
- Sender (Aussendung des Helden)
- Held (Auszug mit dem Ziel, etwas zu suchen)
- falscher Held (Ebenfalls Auszug, jedoch mit negativem Resultat)

Diese fundamentalen Prinzipien wurden in einer ganzen Reihe von Erzähltheorien weiterverarbeitet. So hat Gerd Theissen (vgl. Urchristliche Wundergeschichten, Gütersloh 1974) den Proppschen Ansatz für antike und damit auch biblische Wundergeschichten dienstbar gemacht. Propp entwarf eine Folie, auf der die Analyse biblischer Texte ansetzen kann. Es bleibt jedoch zu bedenken: Sie gelten zwar allgemein für alle russischen Zaubermärchen, sie gelten von daher aber auch exklusiv nur für diese Märchen, sodass ein Einsatz innerhalb der biblischen Exegese Modifizierungen bzw. Verallgemeinerungen nötig macht.

„Auf diesen Ansatz, also dem Inventar der Handlungen und der handelnden Personen und den zwischen diesen bestehenden Strukturen, bauen viele moderne Erzähltextanalysen auf" (Wilhelm Egger).

Grundbegriffe der Narrativen Analyse

Das Handlungsgerüst

Anfang und Ende einer Erzählung sind entscheidende Bezugspunkte für die Lektüre. Zu Beginn einer Geschichte wird der Leser in eine Welt und ihre Gesetze verwickelt, mit unterschiedlichen Figuren konfrontiert, er erhält Leseanweisungen. Mit diesem Wissen erlebt er die Geschichte bis zum Ende mit, stößt auf Bekanntes und Unbekanntes, erhält Lösungen oder wird im Unklaren gelassen, trifft auf traditionelle Klischees oder findet zum Schluss ein alternatives Programm – kurz: Die Rahmenpassagen einer Erzählung bilden die äußeren Pole des Verstehens, sie sind von besonderer Bedeutung für die konzeptionelle und inhaltliche Konsistenz einer Geschichte.

Handlungsstruktur

Innerhalb dieser Pole entwickelt sich die strukturelle Anlage der Erzählung, aus einzelnen Handlungselementen entsteht ein Gesamtkunstwerk – allerdings nach bestimmten Regeln. Der klassische Aufbau setzt sich aus fünf Elementen zusammen:

- Exposition: Ausgangssituation, die das Thema, die Problemstellung, die Hauptfiguren, Zeit und Ortsangaben enthält.
- Steigende Handlung: Die Logik der Erzählung wird langsam aufgebaut, Handlungsstränge verdichten sich.

- Wendepunkt: Hier schlägt die Handlung um; die Hauptfigur muss eine Entscheidung treffen.
- Fallende Handlung: Nach dem Wendepunkt ergibt sich die Spannung in der Geschichte daraus, wie sich die Handlung weiterentwickelt bzw. wie das Handlungsgewirr entflechtet werden kann.
- Schluss: Hier sind entweder alle Probleme gelöst – oder unlösbar geworden.

Spannungskurve

Da gibt es zwei gegensätzliche Konstruktionsmöglichkeiten: Entweder verläuft eine Erzählung von der Schilderung einer Mangelsituation, einer Problemlage („Disäquilibrium"), hin zur Aufhebung dieser Mangelsituation („Äquilibrium"), womit eine „komische Tendenz" beschrieben wäre, oder eben genau umgekehrt von einer ausgeglichenen Situation ins Unglück, was mit dem Stichwort „tragische Tendenz" zu umschreiben ist. Hierbei handelt es sich natürlich um eine Stilisierung und wir werden gerade in biblischen Geschichten sehen, dass solche Eckdaten dort sehr kreativ zum Einsatz kommen. Die Erzählungen können mehrere solcher Problemlagen beinhalten, von denen nicht unbedingt jede innerhalb der Geschichte aufgelöst werden muss.

Handlungssequenzen

Im Verlauf einer solchen Spannungskurve lassen sich als elementarste Größen innerhalb der Erzähltextanalyse sogenannte Erzählsequenzen ausmachen. Solche Sequenzen ergeben sich aus dem Zusammenspiel der Erzählfiguren. Bei genauem Hinsehen besteht eine Erzählung sehr vereinfacht aus Entsprechungsverhältnissen wie „fragen – antworten", „suchen – finden", „geben – nehmen", „befehlen – ausführen", also kurz gesagt aus einer Aneinanderreihung von Aktion und Reaktion. Biblische Erzählungen sind sehr oft auf der Grundlage einer solchen Systematik aufgebaut. Es sei allerdings darauf hingewiesen, dass man dort, wo man eine solche Regelmäßigkeit durchbricht, besondere Akzente lancieren kann. So fehlt manchmal der zweite Handlungszug (offene Sequenz) oder einer der beiden Handlungszüge wird verdoppelt.

Dabei muss man betonen, dass Sprechhandlungen in dieses Ordnungsmuster hineingehören. Im Hintergrund steht der sprachlich-philosophische Ansatz der Sprechakttheorie, die im Kern besagt, dass das, was gesprochen wird, als spezielle Form gesellschaftlichen Handelns zu verstehen ist.

Handlungstypen und -verknüpfungen

Hat man das Erzählgerüst strukturell herausgearbeitet, bieten sich weitergehende Differenzierungen innerhalb der Erzählung an:

So können sich die Handlungszüge im Blick auf die Erzählökonomie statisch oder dynamisch entwickeln. Statische Momente lassen sich beispielsweise bei der Beschreibung von Eigenschaften (von Personen) oder Zuständen (von Erzählinventar) ausmachen, dynamische Momente bringen die Handlung voran. Was die Verflechtung der Handlungszüge angeht, so können wir verschiedene Formen der Beziehung ausmachen: Handlungen können kausal verknüpft sein, dann unterliegen sie einem Ursache-Wirkungs-Zusammenhang; sie können final zusammenhängen, dann steht das Ziel des Handlungsverlaufes von vorne herein fest und ist von einer höheren Macht bestimmt; eine weitere Möglichkeit ist die kompositorische Verknüpfung, etwa dort, wo gattungsspezifische Gegebenheiten die Handlungsstruktur bestimmen.

Zeitkonzept

Im Blick auf die zeitliche Struktur einer Erzählung unterscheidet man gewöhnlich zwischen „Erzählzeit" (die Zeit, die der Erzähler für seine Geschichte benötigt) und „erzählter Zeit" (Dauer der erzählten Geschichte). Im Anschluss an das Verhältnis dieser beiden Größen ergeben sich weitere Fragen in Bezug auf das Zeitkonzept:

Wie genau sind die Zeitangaben in der Erzählung festgelegt? Fasst der Erzähler in seinem Erzählvorgang zusammen oder dehnt er bestimmte Handlungsabläufe aus? Werden Rückblenden oder Vorausblicke verwendet, um den Gang der Handlung produktiv zu unterbrechen? Wird das Erzähltempo an verschiedenen Stellen gedehnt oder beschleunigt? Welche Rolle spielt die Erzählfrequenz, werden Ereignisse mehrfach erzählt?

Raumkonzept
Neben den expliziten Angaben zum Ort, an dem die Erzählung situiert wird, können verschiedene räumliche Faktoren eine Rolle für die narrative Gestaltung einer Erzählung spielen: Wird die Beschreibung eines Raumes für einen Handlungsvorgang genutzt oder eher für die Herstellung von Atmosphäre bzw. Stimmung? Sind die Raumstrukturen deckungsgleich mit den Handlungsstrukturen? Lassen sich Parallelen zwischen den beschriebenen Räumen und den Charakterzügen der Figuren erkennen? Ist die Beschreibung des Raumes realistisch? Sind die Teilräume einer Erzählung aufeinander bezogen oder stehen sie nur unverbunden nebeneinander? Überwinden Figuren Raumgrenzen?

Erzählsituation
Schließlich ist auf den Modus der Erzählung einzugehen, also auf die Frage, aus welcher Perspektive erzählt wird. Dabei unterscheidet die Erzähltextforschung drei Standpunkte:

- Die auktoriale Erzählsituation, die sich durch einen allwissenden Erzähler auszeichnet. Der Erzähler gehört nicht zum Kreis der handelnden Personen und schaltet sich hin und wieder durch Kommentare in die erzählte Welt ein.
- Der personale Erzähler, der die Welt der Erzählung mit den Augen einer der Erzählfiguren betrachtet; hierzu gehört dann auch die Perspektive des Ich-Erzählers.
- Erzählung aus der Außenperspektive, bei der ein Erzähler

aus der neutralen Außensicht erzählt, wobei man allerdings weniger erfährt als die Figuren.

Die Erzählfiguren

Charakterisierung der Einzelfigur

Um die Funktion einer Erzählfigur zu bestimmen, bieten die Texte direkte und indirekte Hinweise: Die Zuordnung und Systematisierung der jeweiligen Einzelhandlungen einer Figur – im Text auffindbar über die Prädikatsstruktur der Erzählung – bieten den objektivsten Zugang zur Rolle. Daneben kann auch die direkte Rede ein zielsicherer Bestandteil sein, die individuellen Charakterzüge einer Figur herauszuarbeiten. Indirekt wirken sich eher beiläufig eingestreute Charakterisierungsmerkmale auf das Rollenprofil aus, wie etwa das äußere Erscheinungsbild, die Beschreibungen der Umwelt der Erzählfigur oder auch Äußerungen anderer Figuren. Ähnlich wie wir es im Fall der Handlungsverläufe sahen, können auch die Figuren statisch oder dynamisch gezeichnet sein, sie können in ihrer Rolle eindimensional oder mehrdimensional wirken, sie können in ihrer Funktion für die Erzählung völlig definiert, aber auch sehr offen erscheinen.

Die Figurenkonstellation

Hat man die einzelnen Figuren mit Hilfe solcher Kriterien identifiziert, gilt es die Figurenkonstellation ausfindig zu machen. Dabei können wir unterscheiden zwischen Paarkonstellationen und Dreiecks- bzw. Mehreckskonstellationen. Die klassische Konstellation ist sicher das Kontrastpaar oder auch Korrespondenzpaar, wo Einzelfiguren in Handlung oder Diskurs miteinander in Beziehung gesetzt werden. In vielen Erzählungen bildet allerdings gerade die Integration der Einzelrollen bzw. der Kontrastpaare in Mehreckskonstellationen die Grundlage für besonderes Spannungspotenzial.

Das Identifikationsangebot
All diese Beobachtungen, die sich zunächst rein auf die innertextliche Ebene beziehen, sind auszuwerten und zu ergänzen im Blick auf die „Mitarbeit des Lesers“: Der Leser füllt die Rollen innerhalb der Erzählung mit seinem außertextlichen Wissen, malt sie aus, denkt sie weiter und wird diesbezüglich im Verlauf der Erzählung bestätigt oder widerlegt, vielleicht sogar enttäuscht. Wie auch immer – über die Handlungsrollen und die Figurenkonstellation setzt der Text ein hohes Maß an Identifikationspotenzial frei, das letztlich ganz entscheidend ist für das Verstehen des Textes und für seine Bedeutung für die jeweilige Erzähl- und Erinnerungsgemeinschaft.

Leitfragen zur Narrativen Analyse
Teil A: Das Handlungsgerüst

- Schauen Sie auf Anfang und Ende der Episode: Welche Veränderungen ergeben sich?
- Beschreiben Sie die Handlungsstruktur: Exposition – Steigende Handlung – Wendepunkt – Fallende Handlung – Schluss.
- Beschreiben Sie die Spannungskurve der Episode!
- Lassen sich einzelne Handlungssequenzen ausmachen? Entwickeln Sie ein Schaubild für die Handlungssequenzen!
- Wie gestalten sich Zeit- und Raumkonzepte in der Geschichte?
- Welche Perspektive nimmt der Erzähler ein?

Teil B: Die Erzählfiguren

- Stellen Sie die Figuren zusammen, die im Text vorkommen!
- Beschreiben Sie die einzelnen Figuren: Welche Handlungen führen sie aus? Wie sind sie „gezeichnet“, charakterisiert? Welche Funktion übernehmen sie in der Geschichte?
- Beschreiben Sie die Figurenkonstellation der Geschichte: In welcher Beziehung stehen die eingesetzten Figuren zueinander?
- Bieten die Erzählfiguren ein Identifikationspotential für den Leser?

Textbeispiel Joh 9

Teil A: Das Handlungsgerüst

Exposition und Lehrgespräch (9,1–5)

Mit der Exposition (V. 1) wird das sogenannte *Disäquilibrium*, also der Mangelzustand, beschrieben. Die Blindheit ist das Ungleichgewicht, das in der folgenden Geschichte behoben werden muss. Um so erstaunlicher ist dann die einzige Sequenz in dieser Szene (V. 2–3: die Jünger fragen – Jesus antwortet), die nicht zur aktiven Lösung beiträgt, sondern das wahrgenommene Leiden zunächst ignoriert und eine theologische Frage-Antwort-Stunde zwischen Schülern und ihrem Lehrer einschiebt.

Die Beschreibung der Blindenheilung (9,6–7)

Diese Szene ist die einzige, die überwiegend aus tatsächlicher Aktion besteht. Es ist eine große Sequenz erkennbar: Die Aktion besteht aus drei Handlungen (spucken, Brei machen, streichen) sowie einer befehlenden Sprechhandlung. Die Reaktion wird mit drei Verben beschrieben: gehen, sich waschen, zurückkommen. Diese Sequenz hebt das Disäquilibrium aus V. 1 vollständig auf. Die große Klammer um die erste und zweite Szene (V. 1: „ein Mann, der seit seiner Geburt blind war" – V. 7c: „Und als er zurückkam, konnte er sehen") unterstützt diese Beobachtung, schafft jedoch zugleich ein neues Ungleichgewicht, das für den Rest der Erzählung den Diskussionsstoff bietet.

Die Erzählökonomie verläuft bis zu dieser Stelle in einer *komischen* Tendenz (Disäquilibrium – Aufhebung desselben) und – wenn wir den Blick schon auf die dritte Szene richten – sofort daraus resultierend in einer *tragischen Tendenz* (siehe unten). Spannender kann man den Beginn einer Geschichte nicht inszenieren.

Die erste Besprechung des Vorfalls – oder: die zu spät kommenden Schaulustigen (9,8–12)

Diese Szene ist der Prototyp der Kategorie „Besprechen", denn das gesamte Erzählgerüst besteht ausschließlich aus Verben der Kommunikation. Die Aktion der ersten Sequenz konstituiert sich aus drei Verben (jeweils „sagen", V. 8 und 9ab), wobei zunächst eine allgemeine Anfrage der gesamten Figurengruppe geschildert wird, an die sich zwei unterschiedliche Lösungsvorschläge anschließen. Die Reaktion wird ebenfalls durch „sagen" zum Ausdruck gebracht: Es handelt sich um eine eindeutige Antwort auf die zuerst gestellte Frage. Zwei weitere Sequenzen (V. 10–11 und V. 12) verfahren nach dem gleichen Schema „Fragen–Antworten", wobei jeweils ein Informationsdefizit durch eine klare Auskunft ausgeglichen wird. Besonders interessant ist die Frage nach dem Aufenthalt des Wundertäters: Durch die unwissende Reaktion des Befragten wird der Erzählgang vorangetrieben und damit die Spannung für den Leser gesteigert.

Verhandlung vor der offiziellen Behörde – Teil 1 (9,13–17)

Die Einleitung dieser Szene zeichnet sich sequenziell durch eine handgreifliche Aktion aus: Mit dem Erzählvorgang „da brachten sie" wird eine Art Halbsequenz beschrieben, die die entstandene Spannung der „Wo"-Frage aus V. 12 vor ein neues Gremium bringt. Nachdem dies durch die Sabbatanspielung im Erzählerkommentar (V. 14) noch gesteigert wurde, kommt es zu drei neuen Verhandlungssequenzen: V. 15 (Pharisäer fragen – Mann antwortet), V. 16 (Pharisäer diskutieren untereinander – Spaltung entsteht), V. 17 (Pharisäer fragen – der Blindgeborene antwortet). Interessant ist hier vor allem die zweite Sequenz, da sich der Autor mit einem Kommentar direkt einschaltet („So entstand eine Spaltung unter ihnen") und auf diese Weise auf die Aktion der unterschiedlichen Pharisäermeinungen reagiert.

Die Suche nach familiären Spuren (9,18–22)

V. 18 beschreibt in einer Halbsequenz die Grundhaltung der neu eingeführten Figurengruppe „die Juden". Das nun folgende Verhör beschäftigt sich mit der familiären Identität des Geheilten und erneut mit der Frage nach den Modalitäten des Sehendwerdens. Die einzige Sequenz dieser Szene (V. 19–20: die Juden fragen – die Eltern antworten), die sich als Forderung nach sachlicher Information und als vorsichtige Zugabe eines Teilwissens zusammenfassen lässt, mündet in einer abschließend begründenden Zusatzinformation des Autors, mit der er sehr bewusst die Erzählzeit einen Augenblick anhält. Diese Zusatzinformation steht losgelöst als Abschluss der Szene und ist nicht in die Sequenzbildung eingebunden. Die oppositionelle Handlungsstruktur der genannten Sequenz wird mit dem Hinweis auf die Furcht der Eltern interpretiert und mit dem Eintrag eines geschichtlichen Verweiszusammenhangs („aus der Synagoge ausstoßen") wird der ursprüngliche Leser in den bisherigen Spannungsbogen der Erzählung mit einbezogen. Innerhalb der Gesamtökonomie der Episode stellt diese Szene eher ein retardierendes Moment dar, denn der Aufweis der legitimen Sohnschaft des Blindgeborenen bringt die Verhandlungen nicht wirklich voran.

Verhandlung vor der Behörde – Teil 2 (9,24–34)

Nach dem expositionellen V. 24a wird die Handlung mit drei Gesprächssequenzen vorangetrieben: Sequenz 1 (V. 24: „sie sagten" – V. 25: „er antwortete") stellt in ihrer Aktion einen Einschüchterungsversuch dar, der mit einem Befehl zur Gottesverehrung eröffnet wird. Eine geschickt formulierte Antwort des Blindgeborenen als Reaktion bremst allerdings den forschen Auftritt der Pharisäer. Die zweite Sequenz (V. 26: „sie sagten" – V. 27: „er antwortete") besteht in der Aktion aus zwei Fragen, welche wiederum um den unersättlich scheinenden Wissensdrang der Pharisäer kreisen, und in der Reaktion aus einer frechen Antwort, die die Anklagepartei bloßstellt und sie karikiert. In der dritten Sequenz (V. 28: „sie beschimpften ihn" – V. 30: „Der Mensch antwortete"), die den verzweifelten letzten Versuch der Informationsbeschaffung beinhaltet, kulminiert die Erkenntnissuche in der entscheidenden Frage nach dem Ausgangsort des Gesuchten („woher er kommt"). Die Reaktion auf diese Frage fasst die theologischen Komponenten der bisher geschilderten Suche zusammen.

Den Schluss dieser Szene (V. 34) bildet eine Kombination von Reden und Handeln, die als Ergebnis aus dem gesamten Verhandlungsprozess die Hilflosigkeit der Anklagepartei skizziert: Sündenvorwurf und Rausschmiss sind die letzten Mittel.

Der erzählökonomische Gang dieser Szene läuft auf einen gewaltsamen Höhepunkt zu, der in der erzählten Situation der Gerichtsverhandlung die Andeutungen des Autors aus V. 22–23 in die Tat umsetzt. Im Blick auf die gesamte Episode könnte hier Schluss sein, das Ende der Verhandlungen hat aber auch und vor allem auf das noch zu lösende Disäquilibrium kein befriedigendes Ergebnis geliefert. Der Schluss dieser Szene lässt also im Blick auf die Spannungskurve die Erwartungshaltung entstehen, dass noch etwas zur Lösung dieser eingefahrenen Situation angeboten wird.

Besprechung der Angeklagten (9,35–38)

Die siebte Szene beginnt mit der erneuten Namensnennung der Figur Jesus und somit mit der Erinnerung an denjenigen, der die gesamte Verhandlungsdauer über nur als Besprechungsobjekt anwesend war. Nun wird er in die dialogische Struktur der Erzählung zurückgeholt und mit Hilfe einer vorbildlichen Sequenzgestaltung (Exposition, zwei Sequenzen, Schluss) geschieht ein konkreter Schritt auf dem Weg der Identitätssuche. Erzähltechnisch wird nach Abschluss der verschiedenen Verhörsituationen in V. 34 der Bewusstseinsprozess des Blindgeborenen abgeschlossen. Zwei Sequenzen, Frage – Gegenfrage (V. 35–36) und Antwort – Gegenantwort (V. 37–38), bestimmen diese Szene, wobei die Aktion der ersten Sequenz und die Reaktion der zweiten Sequenz die eigentlichen Kernaussagen bilden. Das Sich-Niederwerfen (V. 38b) beendet die Szene eindrucksvoll.

Der Erzählfaden ermöglicht an dieser Stelle ein Aufatmen, denn, wenn auch das zweite Disäquilibrium noch immer nicht aufgehoben ist, so kommt doch wenigstens eine Figur auf der Suche nach den Identitäten einen guten Schritt voran.

Schlussplädoyer gegen die Anklage

Die letzte Szene wird mit einer Halbsequenz eröffnet (V. 39: „Jesus sprach"), in der der Autor seine Hauptfigur Jesus einen theologischen Vortrag beginnen lässt. Diese Rede nimmt durch Stichwortverbindungen Bezug zum Anfang der Episode und fasst durch das Wortspiel „damit die nicht Sehenden sehen und die Sehenden blind werden" den Verlauf der Handlung zusammen. Die Zwischenfrage der Pharisäer (V. 40) und die Antwort Jesu (V. 41) bilden die einzige Sequenz dieser Szene.

Zusammenfassung

Anhand des Aufweises der Handlungsstrukturen ist erkennbar, dass die Erzählökonomie der Episode einen stringent linearen Charakter hat. Die durch das zweite Disäquilibrium ausgelösten Problematisierungen sind durch ihre Gestaltung als Gesprächssequenzen an Spannung nicht zu überbieten. Erzählt wird in dieser Episode also ein Zeichen (Semeion) und das Sprechen über dieses Zeichen, inszeniert in einer Art Gerichtsverhandlung. Interessant ist ein durchgehendes Gestaltungselement: In jeder Szene stehen sich nur zwei Parteien gegenüber, die sich mehr oder weniger argumentativ auf der vordergründigen Ebene der Blindenheilung um ein verborgenes Wissen bzw. um die Suche danach streiten.

Teil B: Die Erzählfiguren

Die Anzahl der in der Episode auftretenden Figuren, bzw. Figurengruppen lässt sich auf fünf festlegen: Jesus, der Blindgeborene, die Jünger, die Nachbarn, die Pharisäer/die Juden. Dabei ist Jesus der Einzige, der mit Namen genannt wird, alle anderen sind durch ihre Gruppenzugehörigkeit charakterisiert. Schauen wir uns die Figuren der Reihe nach an:

Jesus

- Er wird zunächst ohne Namen eingeführt, ist dann aber der Eeinzige, der beim Namen genannt wird.
- Kraft seines Sehens wird ihm eine Gabe attestiert, um die es die gesamte Episode hindurch gehen soll.
- Er wird als „Rabbi“ angeredet und tritt auch als solcher auf.
- Er begibt sich unverzüglich an den Heilungsvorgang, der erwartungsgemäß erfolgreich verläuft.
- Er heilt den Blindgeborenen ohne weitere Worte, womit seine Rolle einen autoritären Charakter bekommt.
- Nach dem Propp-Schema würde man ihm im Anschluss an die Heilung die Rolle des Helden zuweisen.
- Die Handlungsstruktur nimmt nach der Heilungsgeschichte eine andere Richtung, eine neue Mangelsituation entsteht und die Hauptfigur wird über längere Distanz ausgeblendet. In den Diskursszenen wird nur über ihn geredet.
- Nach seiner Rückkehr in die Erzählung in V. 35 wirkt er sehr überzeugend und ist derjenige, durch den der Blindgeborene in seinem Suchprozess endgültig zu einem Ergebnis begleitet wird.
- In der letzten Szene tritt er als Richter über die Richter auf.

Zusammengefasst: Das Profil der Figur Jesus zeichnet sich durch kompetentes, schlagfertiges Verhalten auf der einen Seite, durch eine wunderbare Tat und verborgenes Wissen auf der anderen Seite aus. Das Rollenangebot, das durch diese Figur gemacht wird, deutet auf etwas Ideales, Anstrebenswertes, aber doch nie zu Erreichendes hin. So lässt sich die Rolle des Helden nicht eindeutig und ausschließlich an diese Figur vergeben.

Der Blindgeborene

- Er spielt die komplexeste Rolle in der Episode, was alleine schon durch die verschiedenen Titulierungen deutlich wird: „ein Mensch, blind von Geburt", „der Blinde", „früher als Bettler gesehen", „der vorher blind war", „unser Sohn". Die unterschiedlichen Bezeichnungen weisen darauf hin, dass diese Figur im Laufe der Geschichte einen Prozess durchläuft.
- Von den Erzählanteilen ist der Blindgeborene eindeutig eine der Hauptfiguren, denn er begegnet aktiv in fünf der acht Szenen.
- Seine Rolle ist die ganze Episode hindurch durch Reaktion bestimmt. Dient er in der ersten Szene nur als Objekt für eine theologische Diskussion, so führt er daraufhin gehorsam und ohne Fragen die Befehle aus, die Jesus ihm gibt.
- Auch im weiteren Verlauf reagiert er durch Antworten, die immer mehr an Spontanität, Mut und Kompetenz gewinnen.
- Er gelangt zusehends zu mehr Wissen über seine eigene Identität sowie über die Identität Jesu.
- Die sympathischen Züge dieser Figur entstehen durch die Synthese einer unschuldig wirkenden Unwissenheit und einem fast instinktiv anmutenden Wissen, das mit ironischen Zügen durchsetzt ist.
- Im Laufe der Episode werden seine Beiträge immer stichhaltiger und – da Jesus über weite Strecken von der Bildfläche verschwindet – übernimmt er Schritt für Schritt die Hauptrolle.

- Der Blindgeborene ist eine der wichtigen namenlosen Einzelfiguren im Johannesevangelium, einer der anonymen Charaktere wie etwa die Mutter Jesu, die Samaritanerin, der Lahme, der Lieblingsjünger. Es wird deutlich, dass gerade die Anonymität im Laufe der Erzählung einen Zugang zur Identität Jesu und auch zur eigenen Identität schafft.

Die Jünger

- Die Jünger werden in der Form eines Schülerkreises eingespielt und haben die Aufgabe, die Kompetenzen ihres Rabbis anzufragen.
- Sie haben eine sehr limitierte Funktion und schaffen durch ihren Auftritt weder einen Lösungsansatz für den Mangelzustand der Blindheit noch ein eigenes Identifikationsangebot.
- Dennoch ist gerade der frühe Auftritt nicht unbedacht gewählt, denn durch ihre Frage nach einer typisch jüdischen Vorstellung, den Zusammenhang von Blindheit und Sünde betreffend, fühlt sich der Leser in seiner eigenen Welt angesprochen.

Die Nachbarn

- Die Figurengruppe der Nachbarn fungiert als erste Instanz des sozialen Umfeldes, in dem sich der Blindgeborene aufhält.
- Ihre Aufgabe besteht darin, Unsicherheit über die Identität des Blindgeborenen zu vermitteln, wobei es überrascht, dass gerade sie die Frage „wo ist er?“ stellen dürfen.
- Ihr nachbarschaftliches Verhalten, das sich im Verdacht äußert, setzt sich in ihrem Verpflichtungsbewusstsein gegenüber den Autoritäten fort – „sie bringen ihn zu den Pharisäern“.
- Sie erlangen keine befriedigenden Antworten auf ihre Fragen und halten den Fall für suspekt.
- Sie spielen den Pharisäern den Ball zu, repräsentieren somit ein konservatives Bewusstsein, das auf die Klärung der nicht ganz geheuer scheinenden Vorgänge drängt.

- Das Identifikationsangebot dieser Gruppe ist nicht besonders groß.

Die Pharisäer/die Juden

- Die Pharisäer übernehmen nach der Propp'schen Schematisierung eindeutig die Rolle der Gegenspieler, denn ihnen kommt die Funktion zu, die Heilung und deren Umstände infrage zu stellen und sowohl an der Autorität als auch an der Identität der beiden Hauptfiguren zu zweifeln.
- Allerdings: Sie treten erst in der vierten Szene auf, und zwar nachdem das zu verhandelnde Objekt von den Nachbarn zu ihnen gebracht wurde. Das aktive Interesse geht also nicht von ihnen aus, sondern sie fungieren als höhere Instanz, die aufgerufen wird, wenn es schwer zu lösende Fragen gibt.
- In der vierten, fünften und sechsten Szene werden sie als Richter eingesetzt, die sich intensiv um die Entschlüsselung der konkreten Vorfälle bemühen. Und sie werden mit unterschiedlichen Bezeichnungen aufgerufen: die Pharisäer (4. und 6. Szene) und die Juden (5. Szene). Der innere Zusammenhang der Episode macht es wahrscheinlich, dass hier dieselbe Gruppe gemeint ist.
- Die Bezeichnung „die Juden“ (V. 18 und 22) wird in Zusammenhang gebracht mit Phänomenen des Unglaubens, der Furcht und des geschichtlichen Bezugs auf den Synagogenbann.
- Auch diese Figurengruppe macht im Lauf der Episode eine Entwicklung durch, und zwar von einem angerufenen Gremium, das Klärung schaffen soll, hin zu einer unsicheren, autoritären Gruppe, die nicht einmal eine innere Einheit hat und am Ende nur noch destruktiv handeln kann.

„Der Evangelist will mit seinem Wechsel von ‚Pharisäern' zu ‚Juden' sicherlich den amtlichen Charakter der Verhandlung andeuten, da für ihn ‚die Juden' öfter als Vertreter der jüdischen Behörde fungieren“ (Rudolf Schnackenburg).

Die Eltern

- Sie werden als Zeugen aufgerufen und ziehen sich geschickt aus der Affäre, indem sie eine gemischte Antwort aus Wissen und Nichtwissen anbieten.
- Das Zeugnis der Eltern als zweite Gruppe des sozialen Umfeldes scheint für die Pharisäer nach der Befragung Gewicht zu haben.
- Der Hinweis des Autors auf ihre Furcht und die Kenntnis des Synagogenbanns lässt erahnen, dass sie eigentlich mehr wissen, als sie zugeben.
- Die Eltern spielen eine zentrale Rolle bei der Frage nach dem Identifikationsangebot: Sie taktieren vorsichtig, geben nicht viel zu, wissen um die Wurzeln des Blindgeborenen.
- Der lange Autorenkommentar (V. 22–23) deutet an, dass er ein besonderes Interesse an dieser Gruppe hat. Am Rande sei hierbei erwähnt, dass ja schon in dem Lehrgespräch zwischen Jesus und den Jüngern (V. 3) von den Eltern die Rede ist – nun treten sie als reale Akteure auf der Handlungsebene auf.

Die Beobachtungen zu den einzelnen Figuren und Figurengruppen lassen sich in folgendem Schaubild zusammenfassend darstellen:

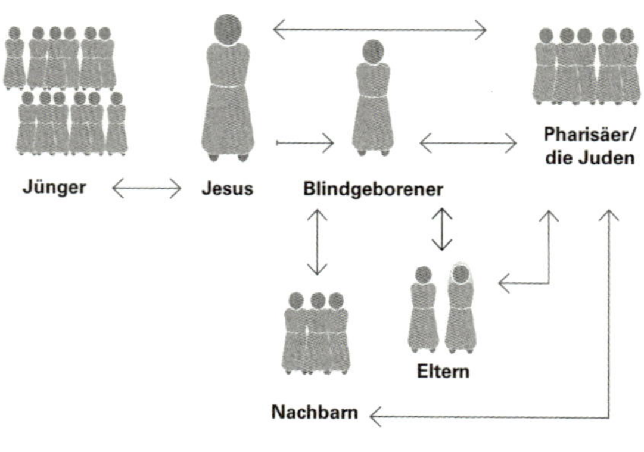

Das Buch Jona als Testfeld

Narrative Analyse

Das Jonabuch bietet sich aufgrund seiner Kürze, aber vor allem auch aufgrund seiner wunderbaren erzählerischen Gestalt hervorragend an, um eine narrative Analyse durchzuführen. Nutzen Sie also die Erkenntnisse aus dem ersten Textbeispiel sowie die Leitfragen und lesen Sie das Jonabuch noch einmal unter narrativen Gesichtspunkten.

Anmerkungen zur Narrativen Analyse des Jonabuches

Zum Handlungsgerüst

- Beschreiben Sie den großen Bogen vom Anfang bis zum Ende des Buches. Wie hat sich die Ausgangslage verändert?
- Schauen Sie nun auf die detaillierte Abfolge der vier Szenen: Hat die Erzählung einen linearen Charakter? Welche Disäquilibrien sind auszumachen? Wo werden sie aufgelöst? Wie lässt sich der Spannungsbogen durch die vier Szenen hindurch beschreiben?
- Erarbeiten Sie die Sequenzstruktur des Textes. Beispiel:
  V. 1–2 Aktion (Befehl des Herrn) – V. 3 Reaktion (Ausführung durch Jona, allerdings negativ).
  V. 4 Aktion (Der Herr wirft einen großen Wind) – V. 5 Reaktion (Furcht der Seeleute).
  Anhand der segmentierten Textfassung im Anhang lässt sich diese Segmentierung weiter fortführen. Schauen Sie bitte auch, ob und wie die einzelnen Sequenzen in der nachfolgenden Handlung wieder aufgenommen werden – so wird etwa die erste Sequenz der ersten Szene in der dritten Szene fast identisch wiederholt.
- Analysieren Sie daraufhin auch das Zeit- und Raumkonzept des Jonabuches.

Zu den Erzählfiguren

- Die Figurenkonstellation ändert sich im Laufe des Buches: Im ersten großen Teil (Kapitel 1 und 2) treten folgende Figuren auf: Gott (tatsächlich als sprechende Figur), Jona, die Seeleute, der Kapitän, der Fisch. Im zweiten Teil (Kapitel 3 und 4) treten auf: Gott, Jona, die Leute von Ninive, der König von Ninive.
- Stellen Sie die Informationen zusammen, mit denen die einzelnen Figuren „gezeichnet" sind.
- Versuchen Sie, die Funktionen und Rollen der Figuren auf den Punkt zu bringen (Propp).
- Erstellen Sie ein Schaubild, in dem Sie die Verbindungen zwischen den Figuren benennen, sodass die Figurenkonstellation ersichtlich wird.
- Überlegen Sie abschließend, welche Identifikationspozentiale die einzelnen Figuren anbieten.

„Vielleicht haben es die einen oder anderen ja bereits gemerkt: Wir haben hier keine Informationen über ein Prophetenleben zur Zeit des großen Ninive vor uns. Wir haben hier auch nicht nur irgendeine alte Geschichte. Mehr und mehr sind wir Leserinnen und Leser hineingezogen worden in die Geschichte Gottes mit einem Menschen, der uns selber in vielem gar nicht so unähnlich ist" (Dieter Bauer).

Lesetipp: Die Erzählstrategie wird sehr ausführlich dargestellt von Weimar, Peter: Jona, Freiburg 2017.

Auf den Punkt gebracht

Die narrative Analyse zeichnet die erzählökonomische Struktur eines Bibeltextes nach. Dabei werden sowohl die einzelnen Handlungselemente und ihre Beziehungen untereinander als auch die Konstellation der über die eingesetzten Figuren auffindbaren Rollen innerhalb einer Erzählung untersucht.

Analyse der Sinnlinien: Die Textsemantik

Für die textsemantische Lektüre eines biblischen Textes sind einige theoretische Vorbemerkungen notwendig: Die Bedeutung eines Wortes wird beschrieben, indem man seine bedeutungskonstituierenden Merkmale zusammenstellt. In der Regel weisen die Wörter einer Sprache nicht nur ein Bedeutungsmerkmal auf, sondern bestehen aus einer Kombination von eben solchen: Das Wort Baum weist die Bedeutungsmerkmale *lebendig, pflanzlich, mit Ästen, mit Stamm, ortsgebunden* etc. auf. Welches dieser Bedeutungsmerkmale in einem bestimmten Kontext wichtig ist, hängt von den anderen Wörtern und ihrer Verknüpfung mit dem Wort *Baum* ab. Indem mehrere Wörter in einem Text über mindestens ein gemeinsames Bedeutungsmerkmal verfügen, entsteht die gedankliche Struktur des Textes.

Es entstehen also Gruppen von bedeutungsmäßig zusammengehörenden Elementen, die mit dem Begriff *Sinnlinien* gekennzeichnet werden sollen. Die verschiedenen oder verwandten Bedeutungen einzelner Wörter lassen sich dadurch beschreiben, dass man die sie unterscheidenden oder die ihnen gemeinsamen Bedeutungsmerkmale beschreibt. Wörter, die *denselben Wortstamm* aufweisen – etwa *Garten* und *gärtnern* –, verfügen nach dieser Definition über einen hohen Anteil gemeinsamer Bedeutungsmerkmale. Wortwiederholungen und Wörter desselben Wortstamms sind also gute Hinweise auf Sinnlinien. *Synonyme* sind Wörter, die fast ausschließlich über gemeinsame Bedeutungsmerkmale verfügen und deshalb bedeutungsgleich sind. *Antonyme* sind Wörter, deren sämtliche und im Kontext relevante Bedeutungsmerkmale einander entgegengesetzt sind.

Innerhalb eines Textes können verschiedene Sinnlinien nebeneinander, aber auch über- und untergeordnet auftreten. Der Text stellt dann aufgrund dieser Sinnlinien ein Geflecht verschiedener gedanklicher Konzeptionen dar, deren gegenseitiges Abhängigkeitsverhältnis zu ermitteln ist. Dabei lassen sich mögliche Korrelationen von bedeutungsverschiedenen Sinnlinien aufweisen:

- Sinnlinien können miteinander identifiziert werden und sich gegenseitig ersetzen.
- Sinnlinien können einander ausschließen: Wenn das eine zutrifft, kann das andere nicht zutreffen.
- Oder sie können einander entgegengesetzt sein: Die eine Sinnlinie ist die Verneinung der anderen.
- Eine Sinnlinie kann logisch aus einer anderen folgen.

Diese Möglichkeiten sind im jeweiligen Text auf ihre Anwendbarkeit zu überprüfen und je nach Eigenart des Textes durch weitere Beziehungsmöglichkeiten zu ergänzen. Durch die Zusammenstellung und gegenseitige In-Beziehung-Setzung der Sinnlinien entsteht nach und nach ein Bild der semantischen Struktur des Textes. Daraus wird noch einmal ersichtlich, dass das Verstehen eines Textes ein konstruktiver Akt ist. Der Text macht auch durch die Verknüpfung der einzelnen Wörter ein Angebot an den Leser, Sinn zu konstruieren. Der Prozess des Verstehens ist damit zwar eindeutig vom Text selbst gesteuert, dennoch auf die Rezeption des Lesers angewiesen und deshalb offen für sein Verstehen.

Um das gedankliche Konzept der Erzählung herauszustellen, geht man zunächst am besten von den Wortwiederholungen im Text aus. Dabei erleichtern farbige Markierungen im Text die Arbeit. Den auf diese Weise entstehenden Wortgruppen werden weitere Begriffe desselben Wortstamms sowie andere Worte zugeordnet, die ein oder mehrere gemeinsame Bedeutungsmerkmale mit der bereits entstandenen Gruppe aufweisen. Es kommen so die im Text angelegten Sinnlinien zutage, die mit einem adäquaten Oberbegriff zu überschreiben sind. Im Alten und Neuen Testament häufige Sinnlinien sind: Leben – Tod – Heil – Unheil – Nähe – Distanz – Glaube – Unglaube – Krankheit – Heilung – Konstruktion – Dekonstruktion. Es sei darauf hingewiesen, dass eine Sinnlinie in seltenen Fällen auch nur aus einem Wort bestehen kann.

Leitfragen für die textsemantische Analyse

- Sammeln Sie im Text Wörter mit einem gemeinsamen Bedeutungsmerkmal und stellen Sie diese zu Sinnlinien zusammen.
- Benennen Sie die Sinnlinien mit einem zusammenfassenden Oberbegriff.
- Erarbeiten Sie die Verbindungen zwischen den Sinnlinien.
- Beschreiben Sie zum Abschluss das „semantische Universum" des jeweiligen Bibeltextes.

Textbeispiel Joh 9

Mit den beiden Begriffen „blind" und „sehen" sind die beiden semantischen Hauptachsen benannt, die sich durch die gesamte Episode ziehen.

Blindheit

Die erste dieser beiden Linien, die Blindheit, begegnet gleich im einleitenden V. 1 und wird dort verstärkt durch den Zusatz, dass der hier vorliegende Fall „von Geburt an" besteht. Der Autor verwendet die Vokabel „blind" im laufenden Text vierzehnmal und betont damit ihre herausragende Stellung. Neben der Wendung „blind geboren" finden sich andere Varianten oder Zusammensetzungen, wie etwa „blind gewesen" (V. 18), „der Blinde" (V. 17) „blind werden" (V. 39).

Finsternis – Unsicherheit

Eng verbunden mit der semantischen Achse der Blindheit ist eine Sinnlinie, die mit den Oberbegriffen „Finsternis – Unsicherheit" überschrieben werden kann. Dazu gehören Begriffe wie: Nacht, Sünde, sündigen, Bettler, betteln, nicht glauben, sich fürchten, nicht wissen. Alle diese Begriffe führen den dunklen Charakter der Blindheit in unterschiedlichen Schattierungen weiter aus. Dabei weist „Sünde" mehr auf den theologischen Bereich dieser Linie hin, während „Nacht" ja die Finsternis geradezu impliziert. Das Stichwort „betteln“ ist hier aufgenommen, weil es die soziale Komponente dieser Line betont. Der Begriff „nicht wissen“ fasst die Sinnlinie zusammen.

Sehen

Genauso konsequent wird das Gegenstück zur Blindheit in der Episode eingesetzt: Der Begriff „sehen“ durchzieht die Geschichte wie ein roter Faden (V. 1; 7; 11; 15; 18; 19; 21; 25; 39; 41).

Licht – Erkenntnis

Ergänzend sind auch hier weitere Wörter zu einer ergänzenden Sinnlinie zusammenzustellen, die mit den Oberbegriffen „Licht – Erkenntnis“ umschrieben werden kann, wie etwa die Begriffe „Tag“ und „Licht“ oder „Augen“ bzw. das „Öffnen der Augen“, das einen erleuchtenden Charakter in diese Sinnlinie einträgt. Parallel zu „Finsternis – Unsicherheit“ lässt sich hier auch das Wort „Wissen“ einordnen, das eben den positiven Gegenpart zum Ausdruck bringt und diese Sinnlinie ebenfalls zusammenfasst.

Identität Jesu

Obwohl die Figur Jesus nur in den Anfangs- und Schlussszenen handelnd vorkommt, ist der gesamte Text durchzogen mit Attributen, die ihn ausweisen: Zunächst finden sich zwei Selbstbezeichnungen in der ersten Szene – „gesandt“, was in V. 7 noch einmal als Übersetzungshinweis für den Teich Schiloach aufgenommen wird, sowie das Wort „Licht der Welt“. Im Zusammenhang mit dem Sabbatthema wird Jesus als Sabbatbrecher und als „sündiger Mensch“ ausgewiesen (V. 16). Darüber hinaus werden drei aus dem Gesamtduktus des Johannesevangeliums gut bekannte Hoheitstitel verwendet: „Prophet“ (V. 17) und „Christus“ (V. 22) sowie die Selbstbezeichnung „Menschensohn“ (V. 35). Der Gebrauch dieser drei Titel verdeutlicht die außerordentliche und höherrangige Position der Figur Jesus in dieser Episode.

Heilungsvorgang
Mehr natürlichen, fast handwerklichen Charakter tragen die Begriffe, die im Zusammenhang der Heilungsgeschichte eingesetzt werden: „spucken“, „aus Speichel Teig machen“, „Streichen“, „Waschen“.

Beziehung zum Göttlichen
Eine weitere Sinnlinie kreist um das Wort „Gott“: Der erste auffällige Begriff ist „Werke“, der durch seinen dreimaligen Gebrauch in V. 3–4 besonderes Gewicht bekommt. In diese Linie gehören weiterhin: „sündigen“, „Sünde“, „glauben“, „nicht glauben“, „sich niederwerfen“, „gottesfürchtig“, „seinen Willen tun“, „er erhört“ sowie schließlich der Rückgriff auf die Figur des Mose.

Kommunikation
Nicht zu vergessen ist die Sinnlinie, mit dem fast die gesamte narrative Ebene gestaltet ist: das Reden und Sagen. Dafür werden verschiedene Begriffe eingesetzt: „sagen“, „fragen“, „antworten“, „rufen“, „beschimpfen“, „meinen“, „entgegnen“.

Ausstoß aus der Synagoge
Als eigenständige Größe steht das dreimal verwendete Stichwort „hinausstoßen“ bzw. „aus der Synagoge ausstoßen“ im Raum (V. 22; 34). Über die inhaltliche Substanz wird in der Wortsemantik zu reden sein.

Wenn wir die einzelnen Sinnlinien in Verbindung bringen wollen, entsteht folgendes Schaubild:

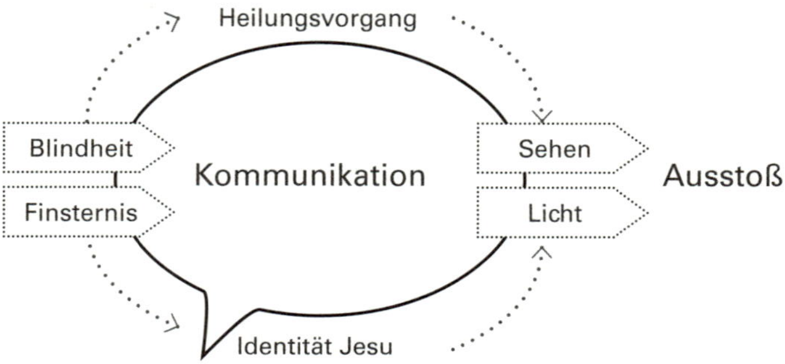

Im Schaubild wird deutlich, dass die gesamte Episode grundsätzlich von dem großem Gegensatz der Sinnlinien „Blindheit" und „Sehen" bestimmt wird, die ihrerseits durch weitere Wortfelder unterstützt, konkretisiert und variiert werden. Das Spiel mit den beiden genannten Hauptachsen wird durch den vielfach zitierten und diskutierten Heilungsvorgang sowie durch die Identitätskette, die der Figur Jesus zugeschrieben ist, vorangetrieben und erhält hierdurch ihre erzähltechnische und theologische Schärfe. Das gesamte Bedeutungspotenzial der Geschichte wird durch das Netzwerk der Kommunikation zusammengehalten und mündet im Ausstoß des Blindgeborenen.

Das Buch Jona als Testfeld

Textsemantik

Gehen Sie das Buch Jona nun unter der Perspektive der Bedeutung und des Inhalts durch. Stellen Sie sinnverwandte Wörter und Begriffskombinationen zu Sinnlinien zusammen und überlegen Sie, in welcher Beziehung diese Sinnlinien zueinander stehen.

Hinweise zur Textsemantik im Jonabuch

- Auch im Blick auf die Textsemantik sind wieder die beiden großen Teile des Jonabuches zu berücksichtigen: Während im ersten Teil das Meer, die Schifffahrt, die Seeleute in den Blick kommen, fokussiert der zweite Teil stärker den Bereich der Stadt Ninive, die Leute und den König von Ninive, die Gegebenheiten im Umfeld der großen Stadt. Hier lassen sich schnell die entsprechenden Sinnlinien zusammenstellen.
- Besonders interessant ist in diesem Zusammenhang auch der Jonapsalm (2,2–10): In diesem Gebet des Propheten wird noch einmal eine ganz andere Semantik angespielt, die sich stark aus den Psalmen des Alten Testaments zusammensetzt.
- Darüber hinaus dürfte das Verhältnis zwischen dem Herrn und Jona noch ein ganz eigens semantisches Potenzial hergeben.
- Die Bereiche „Bewegung" („Aktivität" – „Passivität") und „Kommunikation" („Sprechen" – „Beten" – „Klagen") sind in diesem Buch besonders ausgeprägt und tragen ihren Teil zum semantischen Gesamteindruck bei.

Lesetipp: Eine sehr knappe, aber aussagekräftige Zusammenfassung zum Jonapsalm und den vielfältigen Verweisstellen im Psalmenbuch bietet Wellmann, Bettina: Ein Gebet aus dem Bauch des Fisches, in: Bibel heute 176 (2008) S. 15–16.

Auf den Punkt gebracht

Mit der textsemantischen Analyse untersuchen Sie die Zusammenstellung von Wörtern in einem bestimmten Bezugsrahmen, also die konkrete Funktionalisierung einzelner Wörter innerhalb von bedeutungstragenden Sinnlinien.

Die Bedeutung einzelner Begriffe: Die Wortsemantik

Hinweise zur Wortsemantik

Bei der reflektierten Lektüre biblischer Texte ist zu beachten, dass diese Texte für die Sinnkonstitution auf die historisch gebundene Sprach- und Weltkompetenz aus der Entstehungszeit der Texte zurückgreifen. Heutige Leserinnen und Leser, die zum großen Teil über ein ganz anderes Sprach- und Weltwissen verfügen, müssen wortsemantische Zusatzinformationen heranziehen, um Verstehen abzusichern und Textsignale, die für das Verstehen relevant sind, wahrnehmen und deuten zu können. Die Wortsemantik versteht sich auf diese Weise als Korrektiv zur Textsemantik. Beide bedingen sich gegenseitig; durch ihre wechselseitige Beziehung kann eine verantwortete Analyse und Interpretation von biblischen Texten entstehen.

Stichwort Traditionsgeschichte und die Frage nach historischen Hintergründen

Die Traditions- oder Motivgeschichte bemüht sich um die Einordnung eines Textes in größere Zusammenhänge innerhalb und außerhalb der Bibel. Die sprachliche Gestalt oder die thematischen Akzente eines Textes können – wie das bei anderen exegetischen Methodenschritten stärker der Fall ist – mehr oder weniger isoliert betrachtet werden. Die Traditionsgeschichte hingegen beschäftigt sich mit der Verortung auf weiter gefassten Sichtachsen in der Bibel selbst und in ihrer historischen Umwelt. Der vergleichende Blick der traditionsgeschichtlichen Forschung bringt einerseits Traditionslinien und Sinnzusammenhänge zum Vorschein, gleichzeitig jedoch auch Alleinstellungsmerkmale einzelner Texte. Für das Neue Testament ist in diesem Zusammenhang auch der synoptische Vergleich interessant (vgl. die Ausführungen oben).

Mit Hilfe einer Konkordanz lässt sich herausfinden, in welchen Bedeutungszusammenhängen einzelne Begriffe an anderen Stellen des jeweiligen Buches – und darüber hinaus in anderen Büchern der Bibel – eingesetzt werden. Durch die Arbeit mit Lexika, Wörterbüchern und weiterer Sekundärliteratur erhält man Anregungen und Zusatzinformationen zum verwendeten Wortbestand. Letztlich dient dieser Arbeitsschritt dazu, die große Distanz zwischen unserem heutigen Zugang zu den biblischen Texten und der ursprünglichen Bedeutung zur Zeit ihrer Entstehung zu überbrücken.

Stichwort Konkordanz
Eine Konkordanz ist etwas wie ein Stichwortverzeichnis der Bibel. Sie gibt die Fundstellen zentraler biblischer Begriffe an. So ermöglicht sie, deren Verwendung näher auf die Spur zu kommen und Begriffe in ihre spezifischen Zusammenhänge einzuordnen. Damit ist die Konkordanz ein wichtiges Hilfsmittel, um sich in der Bibel thematisch zu orientieren.

Leitfragen für die wortsemantische Analyse

- Stellen Sie die zentralen Begriffe der Episode zusammen. Achten Sie dabei auf die Fragen Ihrer Spontananalyse sowie auf die Erkenntnisse der anderen bisherigen Analyseschritte.
- Prüfen Sie, ob und wo diese Begriffe in der Bibel sonst noch vorkommen und in welchen Bedeutungszusammenhängen sie dort eingesetzt sind.
- Forschen Sie zu diesen Begriffen in Büchern und im Internet.
- Werten Sie Ihre Erkenntnisse im Blick auf die Interpretation des Textes aus.

Textbeispiel Joh 9

Aus dem semantischen Fundus, der in der textsemantischen Untersuchung zusammengekommen ist, bieten sich sehr viele Begriffe und Motivverbindungen für eine wortsemantische Untersuchung an (vgl. die Sinnlinien oben). Für unser Textbeispiel wähle ich beispielhaft drei Begriffe bzw. Begriffpaare aus und stelle jeweils eine Handvoll entsprechender Informationen zusammen, die man findet, wenn man Konkordanzen, Wörterbücher, Kommentare, Sekundärliteratur, Internetseiten etc. befragt.

Krankheit – Sünde

In der Literatur wird immer wieder darauf hingewiesen, dass Blindheit in der Antike in den Mittelmeerländern und im Orient weit verbreitet war und als unheilbare Krankheit galt. Die von ihr betroffenen Menschen stellten eine marginalisierte Gruppe dar, die in größter Armut lebte und nur durch Betteln ihr Leben fristen konnte, ja sogar oft mit den Toten in einem Atemzug genannt wurde. Aufgrund dieser Randstellung gab es in der Antike rechtliche Bestimmungen für den Umgang mit Blinden: Es galt als göttliches Recht, in besonderer Weise für Blinde einzutreten, was auch im Alten Testament ausgeführt ist (vgl. Lev 19,14; Dtn 27,18). Im Lehrgespräch zu Beginn unserer Episode wird die Blindheit dann mit dem Begriff „Sünde" in Zusammenhang gebracht. Es wird nach dem Schuldigen für die Krankheit gesucht und das ist wenig verwunderlich, denn der Zusammenhang von Krankheit und Sünde ist in der antiken Welt und somit auch im Judentum eine weit verbreitete Anschauung. Eine Krankheit galt als gottgeschickte Strafe für eine begangene Untat und war eigentlich auch nur durch göttliches Eingreifen zu beseitigen. Dieser Tun-Ergehen-Zusammenhang wird in Joh 9 als soziale Frage behandelt: Die Sünde wird als etwas Objektives aufgefasst, es geht um ein gemeinschaftsschädigendes Handeln, das beseitigt werden muss, nicht um ein moralisches Problem. Die „Gesellschaft", also die Nachbarn, die Eltern, die Pharisäer, weiß sich nur durch Ausgrenzung zu helfen. Der Leser wird in der Geschichte durch die Frage der Jünger auf die traditionellen Zusammenhänge dieser Frage aufmerksam gemacht. Die Antwort Jesu deutet eine alternative Strategie an. Gegenüber dem konventionellen Denken wird das Angebot gemacht, die Aufhebung der *Infizierung durch Neuinfizierung* zu gewährleisten.

Es sei nur ganz kurz darauf hingewiesen, dass das beschriebene Heilungsverfahren mit Speichel in der Antike durchaus gängig war und in diesem Sinne volkstümlichen, oft auch magischen Charakter hat. Als Vergleichsstelle wird unter anderem die Heilung eines blinden Soldaten namens Valerius Asper angeführt.

Jesus der Menschensohn

In der umfänglichen Identifikationskette, die für die Figur Jesus aufgebaut wird (Rabbi, Prophet, Licht der Welt, Christus, Herr) und die alle eine einzelne Untersuchung verdienen würden, fällt besonders die Selbstbezeichnung „Menschensohn" ins Auge. Der Glaube an den Menschensohn bildet in der Episode das ausschlaggebende Kriterium für die letzte Etappe der Identitätsfindung. Das Menschensohn-Motiv ist eng verbunden mit dem Messias-Titel und weist sehr starke apokalyptische Züge auf. Sowohl im Alten Testament (Dan 7) als auch in der frühjüdisch apokalyptischen Literatur (Äthiopischer Hennoch, 4 Esra, Baruch-Apokalypse) fungiert der Menschensohn als entscheidende Gestalt an der Schwelle von der diesseitigen zur jenseitigen Welt und wird als der maßgebliche Garant für die eschatologische Hoffnung und Rettung qualifiziert. Wenn Jesus in Joh 9 mit diesem Titel bezeichnet wird, greift der Erzähler sehr explizit auf bestimmte frühjüdische Messiasvorstellungen zurück und verleiht der Geschichte damit eine apokalyptische Färbung – der Eintrag des Begriffs „Gericht" (V. 39) unterstützt diese Beobachtungen.

„Da die Weisheit keinen Platz fand, wo sie wohnen sollte, wurde ihr in den Himmeln eine Wohnung zuteil. Als die Weisheit kam, um unter den Menschen Wohnung zu machen, und keine Wohnung fand, kehrte die Weisheit an ihren Ort zurück und nahm unter den Engeln ihren Sitz. Als die Ungerechtigkeit aus ihren Behältern hervortrat, fand sie die, die sie nicht suchte, und ließ sich unter ihnen nieder (so willkommen) wie der Regen in der Wüste und der Tau auf durstigem Lande" (Äthiopischer Henoch 42,1–3).

Aus der Synagoge ausstoßen – Der Synagogenbann als historischer Andockpunkt

In V. 22 wird die Vokabel „aus der Synagoge ausstoßen" ins Spiel gebracht, ein Ausdruck, der im Johannesevangelium dreimal vorkommt, sonst aber im Neuen Testament nicht erscheint. Bei diesem Eintrag handelt es sich offensichtlich um die Einfügung des

„Das alles bedeutet nun, dass die Darstellung des JohEv in diesem Punkt nicht die Verhältnisse zur Zeit Jesu widerspiegelt, sondern jene, die um die Zeit der Abfassung des JohEv oder unmittelbar davor herrschten und die Gruppe, aus der das Evangelium hervorgegangen ist, selbst erlebt oder erlitten haben. Die Hörer/Leser erleben in der Handlung des JohEv ihre eigene Geschichte mit, die sie teils hinter sich haben und in der sie sich teils noch befinden" (Ludger Schenke).

Ketzersegens, der sogenannten birkat-ha-minim, als zwölfte Bitte in das Achtzehnbittengebet im Jahre 90 n. Chr. auf der Synode von Jabne. In der Forschung ist sehr umstritten, welche Auswirkungen dieser Eintrag hatte, ob es sich hier um die definitive Trennung der beiden Religionen handelt oder um eine noch immer innerjüdische Randbegradigung. Fakt ist, dass die Synode von Jabne dem sich nach der Tempelzerstörung im Jahre 70 langsam neu konstituierenden Judentum dazu diente, das eigene Überleben zu sichern und mit der Reorganisation des religiösen Lebens zu beginnen. Mit den sogenannten „minim" sind demnach alle jüdischen Gruppen gemeint, die ein für sich exklusives Selbstverständnis behaupteten gegenüber dem sich nun als normativ herausbildenden rabbinischen Judentum. Wenn also in Joh 22 – und dann ja noch einmal in Joh 12,42 und 16,2 – der Synagogenbann eingebracht wird, dann wird hier eine innerjüdische Abgrenzung sichtbar, „die Juden" erscheinen hier als „behördliche Macht, die rigoros gegen Abweichler im eigenen Bereich vorgeht" (Wengst, s. u.). Die Relevanz des anachronistischen Eintrags in der Erzählung über die Heilung des Blindgeborenen stellt sowohl für den Autor wie auch für den Leser eine bedrängende Realität dar. Diese wortsemantische Spitze weist eindrücklich auf die kleine Welt hin, in der sich Autor und Leser befinden, auf ihre eigene Stellung in der Gesellschaft sowie ihre Stellung im Judentum.

Lesetipp: Wengst, Klaus: Bedrängte Gemeinde und verherrlichter Christus. Ein Versuch über das Johannesevangelium, München 1990, S. 75–104.

Das Buch Jona als Testfeld

Wortsemantik

Welche besonderen Begriffe, Bilder, Motive sind Ihnen bei der Lektüre des Jonabuches aufgefallen? Welche Wörter spielten bei der textsemantischen Untersuchung eine besondere Rolle?

Anmerkungen zur Wortsemantik im Jonabuch

- Namen sind hier nicht Schall und Rauch, sondern haben eine bestimmte Bedeutung: Überprüfen Sie „Jona“ (ben Amittai), „Ninive“, „Tarschisch“! Welche Bedeutung haben diese Begriffe außerhalb des Jonabuches? Welche Erkenntnis ziehen Sie daraus?
- Die Begriffe aus der Nautik fallen sehr stark ins Auge: Welche Bedeutung hat das „Schiff“? Wie wird der Vorgang, „ein Schiff besteigen“, in anderen Zusammenhängen eingesetzt?

Weitere Einzelmotive:

- Das Motiv der „Furcht“ – „eine große Furcht fürchten“
- Die Reue und die Gnade Gottes
- Die Selbstidentifikation Jonas als „Hebräer“
- Der Fisch und das Verschlingungsmotiv
- Die weiteren „Helfer“ Gottes: Sturm, Wurm, Rizinusstrauch
- Das Motiv der Buße in Ninive und die zugehörigen Einzelbilder: Sack, Asche etc.

Die theologischen Begriffe aus dem Jonapsalm lassen sich durch einen Blick in die ursprünglichen Psalmen-Zusammenhänge näher erläutern:

- V. 3a „Ich rief zum Herrn in meiner Bedrängnis“ – Ps 120,1
- V. 3c „Doch du hast mein lautes Flehen gehört“ – Ps 31,23
- V. 4a „Du hast mich hochgerissen“ – Ps 102,11
- V. 4b „in Wassertiefen bin ich geraten“ – Ps 69,3

- V. 4c „damit die Wasserflut mich nicht fortreißt" – Ps 69,16
- ... usw.! Die einzelnen Verweise finden Sie in einer Übersicht bei Wellmann, Bettina: Ein Gebet aus dem Bauch des Fisches, in: Bibel und Kirche 176 (2008), S. 16.

Auf den Punkt gebracht

Mit der wortsemantischen Untersuchung sammeln Sie in Bezug auf einzelne Wörter semantische Zusatzinformationen, um das Verstehen der Bedeutungsstrukturen abzusichern und Genaueres über mögliche sprachliche Konventionen zu erfahren.

9 Die pragmatische Analyse

Text als Element der Verständigung verstehen

Die pragmatische Analyse fasst die Ergebnisse der syntaktischen und der semantischen Analyse zusammen, indem sie den Text als Medium eines Kommunikationsprozesses untersucht. Im Unterschied zur semantischen Analyse geht es nun nicht mehr allein um die Bedeutung, die einem Text nach den Konventionen einer Sprache zuzuschreiben ist, sondern um den *Sinn*, den der Text für den Leser haben kann. Durch die semantische Analyse eines Bibeltexts lässt sich das inhaltliche Angebot der Geschichte erfassen, aber nicht der Sinn, warum diese Geschichte erzählt wird. Aber erst, wenn dieser Sinn erfasst wird, kann auch ausgesagt werden, was der erzählten Welt in der realen Welt entspricht, ob es sich um einen historischen Tatsachenbericht handelt oder um eine reine Fiktion. Der pragmatische Sinn eines Textes eröffnet daher die Möglichkeit, hinter der sprachlichen Bedeutung eines Textes nach der außersprachlichen *Referenz* zu fragen.

Es ergibt sich also aus der pragmatischen Analyse eine neue Perspektive auf den Text. Wird in der semantischen Analyse die Bedeutung eines Wortes dadurch eindeutiger, dass es in den Kontext gestellt wird, der durch die anderen Wörter des Textes geschaffen wird, so stellt die pragmatische Analyse den Text in den größeren Kontext einer Kommunikationssituation.

Stichwort Pragmatik
Die Pragmatik untersucht, wie Sprache und Texte gebraucht werden. Sie beschäftigt sich mit der dynamischen Funktion von Texten und fragt nach der Bedeutung eines Textes für die Kommunikation zwischen Autor und Leser.

Stichwort Überlieferungskritik und die Frage nach dem Werdegang des Textes

Die Überlieferungskritik kann als Prüfstein der Arbeiten der Literar-, Gattungs- sowie Redaktionskritik begriffen werden. Sie schlägt die Brücke zurück an den Zeitpunkt, an dem vermutlich die Entwicklung eines bestimmten Textes ihren Anfang genommen hat. Diesem Startschuss geht fast immer eine lange mündliche Tradition voraus. Darüber hinaus beschäftigt die Überlieferungskritik auch die unterschiedlichen Entwicklungsstufen eines Textes.

Da der Blick der ursprünglichen Kommunikationssituation mit einigen Risiken verbunden ist, kommt es in diesem Analyseschritt besonders darauf an, behutsam vorzugehen. Dabei kann zunächst berücksichtigt werden, dass für schriftliche Texte allgemein andere Regeln gelten als für die mündliche Kommunikation. Denn bei schriftlichen Texten fallen die Situation, in der der Text verfasst wird, und die Situation, in der er gelesen wird, in der Regel auseinander. Selbst bei Briefen, die an einen ganz bestimmten Leserkreis adressiert sind, befinden sich Absender und Empfänger zumindest an unterschiedlichen Orten. Außerdem können sie auch von fremden Personen gelesen werden. Schriftliche Texte ersetzen die pragmatischen Hinweise, die sich in der mündlichen Kommunikation ganz selbstverständlich aus der Gesprächssituation ergeben, durch mehr oder weniger explizite Hinweise an den Leser. Briefe überbrücken die tatsächliche Trennung zwischen Absender und Adressat, indem sie beide als explizite Figuren in den Text aufnehmen und dadurch eine fiktive Situation der Briefkommunikation schaffen. Auch in erzählenden Texten kann sich der Autor durch erläuternde Kommentare explizit an den Leser wenden (vgl. wiederum Joh 20,30f. und 21,24f.).

Darüber hinaus lässt sich über den ursprünglichen pragmatischen Kontext eines Textes sehr viel durch das erfahren, was unausgesprochen bleibt und was sich der Leser selbst dazudenken muss. Das können Informationen und Überzeugungen sein, die der Autor für so selbstverständlich hält, dass er meint, sie nicht explizit erläutern zu müssen. Dass jedoch etwas, was für den antiken Leser selbstverständlich gewesen ist, für moderne Leserinnen und Leser noch lange nicht selbstverständlich sein muss, liegt auf der Hand. Durch solche impliziten Verstehensvoraussetzungen erfährt man daher besonders viel über das historische Milieu, in dem ein Text entstanden ist. Allerdings enthalten neutestamentliche Texte auch einige Leerstellen, die selbst die antiken Leser nicht ohne Weiteres mit ihrem kulturellen Wissen auffüllen konnten. Solche Leerstellen können dazu dienen, den Text offenzuhalten, damit er auf verschiedene konkrete Situationen anwendbar bleibt. Auf jeden Fall aber sorgt die Offenheit des Textes dafür, dass der Leser mitdenken und die Leerstellen des Textes mit ihrer eigenen Fantasie auffüllen müssen.

Stichwort Redaktionskritik und die Frage nach dem theologischen Profil
Als Verfahren der klassischen historisch-kritischen Exegese fragt die Redaktionskritik nach der bewussten Gestaltung eines Textes. Sie interessiert sich für das theologische Programm des Autors und die damit möglicherweise verbundene Absichtserklärung. Damit schafft sie eine Verbindung zwischen dem Thema eines Textes und den sprachlichen und stilistischen Mitteln, derer sich ein Autor oder ein Autorenkreis bedient, um dieses Thema angemessen zur Darstellung zu bringen. Sie vertieft damit Erkenntnisse der Text-, Literar- und Gattungskritik.

Trotz dieser vielfältigen Hinweise auf den pragmatischen Kontext im Text selbst stehen auch schriftliche Texte in einem außersprachlichen Kontext, sodass sich ihre pragmatische Funktion letztlich erst aus ihrem Verwendungszusammenhang ergibt. Ein Telefonbuch verwende ich ganz anders als einen Roman und selbst einen historischen Roman lese ich von vornherein anders als ein Geschichtsbuch. Über die pragmatische Funktion verschiedener Textsorten haben auch die Menschen der Antike nachgedacht und sie entsprechend eingesetzt. Die pragmatische Funktion der biblischen Textgattungen lässt sich daher durch den historischen Vergleich mit anderen antiken Texten und die Konsultation antiker Texttheorien noch sehr viel genauer bestimmen, als dies durch die Textanalyse allein möglich wäre.

Leitfragen zur Pragmatischen Analyse

Zur Verständigung zwischen Autor und Leser

- Wie ist der kommunikative Prozess gestaltet?
- Welche sprachlichen und stilistischen Besonderheiten fallen im Blick auf diesen Prozess auf?

Zur Leserlenkung

- Gibt es explizite Aussagen zum Zweck des Schreibens (Joh 20,30f.)?
- Finden sich direkte oder indirekte Anweisungen für das Denken und Handeln des Lesers (Joh 9,22)?
- Welche Leerstellen sind im Text auffindbar? Welches kulturelle Wissen muss der Leser an diesen Stellen einbringen, um bei der Sinnkonstruktion mitzuarbeiten?
- Gibt es Themen, Motive, Zitate, die den Leser in besonderer Weise ansprechen?
- Wird das Verhältnis zwischen Autor und Leser im Text offen besprochen?

Zur Leserlenkung in Erzähltexten

- Welche Zeit- und Ortsangeben sprechen den Leser direkt an?
- Welchen Figuren stellt der Text besonders in den Mittelpunkt?
- Wie weit macht der Text dem Leser sichtbar, an den er sich wendet?
- Welche Lösungsmöglichkeiten bietet der Text für bestimmte Probleme der Gemeinde?
- Welches Identifikationsangebot machen die im Text eingesetzten Figuren im Text?

Textbeispiel Joh 9

Der letzte Durchgang durch unseren Beispieltext stellt den kommunikativen Prozess heraus, der die Beziehung zwischen dem Autor und dem Leser konkretisiert.

Das Vorspiel – Sünde als Grund der Blindheit?

Mit dem Disäquilibrium der „Blindheit" zu Beginn der Episode spricht der Autor ein bestimmtes gesellschaftliches Milieu an und ermöglicht dem Leser aufgrund seiner alltäglichen Erfahrungen einen direkten Einstieg in die Geschichte. Mit dem direkt folgenden und unerwarteten Einschub der Dienstbesprechung zwischen Jesus und den Jüngern werden dann gleich mehrere, für die weitere Kommunikationssituation wichtige Einträge lanciert: Die Anrede „Rabbi" stellt das bekannte Lehrer-Schüler-Verhältnis dar, legt damit die Autorität der Hauptfigur fest und zeigt für den Leser sein eigenes gewohntes jüdisches Milieu an, in dem sich die Episode abspielen wird. Die Frage nach dem Hintergrund der Blindheit, also die Frage nach der Sünde, ist ebenfalls typisch jüdisch verankert und dürfte den ersten Leser nicht überraschen. Sie wird hier zwar theologisch alternativ beantwortet, bleibt aber aufgrund des Hintergrundwissens des Lesers für den weiteren Verlauf der Geschichte virulent. Die Ergebnisse der bisherigen Analysen erweisen die Antwort Jesu (V. 3) als alternatives und unkonventionelles Lösungsprogramm, sodass die bestehenden Normen für den Leser gleich zu Beginn provokativ infrage gestellt werden. Es ist nun ihre Aufgabe, mit den zu Beginn erhaltenen Informationen und Eindrücken den weiteren Gang der Geschichte zu verfolgen und ihren eigenen Platz darin einzunehmen.

> „Ein Mensch ist zum Zeichen geworden, aber damit zugleich zu einer großen Störung, die die Ordnung der gewohnten Welt durchbricht ... Von hier ab wiederholt sich immer das Gleiche: hilflose Anläufe, sinnlose Zweifel gegenüber einer Tatsache, die nicht mehr aus der Welt zu schaffen ist" (Günter Bornkamm).

Das Zeichen – Heilung durch Wort und Tat

Die Heilung des Blindgeborenen ist bereits das sechste Semeion im Verlauf des Evangeliums – die Leser kennen also die Vorgehensweise nach dem Schema „Erzählen – Besprechen" und setzen bestimmte Erwartungen in das Folgende. Die Beschreibung läuft dann allerdings etwas anders als erwartet: So fehlt etwa ein Wort Jesu, das die Heilungsabsicht andeutet, oder ein rettender Ausspruch (vgl. Joh 5,8). Stattdessen lässt der Autor seine Hauptfigur ein klassisches Heilverfahren zur Hilfe nehmen und ergänzt dies um das reinigende Waschen in einem benachbarten Teich. Der Übersetzungshinweis bindet die Beschreibung über das Stichwort „senden" an das vorangehende Lehrgespräch an und weist darauf hin, dass die Heilung im Dienste offenbarungstheologischer Grundlinien steht. Darüber hinaus verspricht die Anonymität des Blindgeborenen für den weiteren Verlauf Spannung, denn der Leser weiß aus der bisherigen Lektüre, dass gerade solche Figuren für sie selbst immer wieder das größte Identifikationsangebot machen.

Die beiden ersten Szenen bieten in pragmatischer Hinsicht die Erkenntnis, dass die alte Normalität, in der sich die Leser befinden oder gegen die sie vielleicht schon kämpfen, nicht mehr gültig ist bzw. nicht mehr gültig sein kann. Dagegen wird ein neues Denkmodell angeboten, dass es im weiteren Verlauf zu verfolgen und weiter zu entschlüsseln gilt.

Die erste Reaktion des sozialen Umfelds

Die Heilung des Blindgeborenen hat offensichtlich eine Neuintegration bewirkt, die ihrerseits Fragen aufwirft. Mit den Nachbarn kommt die erste gesellschaftliche Instanz zu Wort und macht klar: Hier handelt es sich um ein Problem, das die Gesellschaft angeht und hier diskutiert wird. Für den Leser heißt das: Gib Acht, wie die verschiedenen Gruppierungen mit diesem Phänomen umgehen und fragt euch, ob das eure Welt ist, in der ihr lebt, oder ob andere Gruppierungen für euch Sinn konstituieren.

Der Blindgeborene findet jedenfalls nicht nur sein Augenlicht wieder, sondern auch seine Stimme und steigt aktiv in die Erzählung ein. Er realisiert, dass es um seine eigene Identität und um die Identität seines Heilers geht. Während die Fragen nach dem

„Wie“ und dem „Wer“ eindeutig beantwortet werden, bleibt die Frage nach dem „Wo“, also nach dem Ort des Wundertäters, vorläufig offen. Die Suche nach dem Ort ist dem ursprünglichen Leser bereits bekannt und stellt als weisheitlich-apokalyptisches Motiv ein hochrangiges Indiz für die Ausrichtung der Lektüre dar. Selbst wenn der Blindgeborene auf diese entscheidende Frage zunächst noch mit Nichtwissen reagiert, ist für die Leser klar, dass sie sich an dieser Figur orientieren müssen, um die eigene Identität in der Erzählung aufzuspüren.

Der Prozess – Die Autorität der Gesellschaft
Die Brisanz, die dieser gesamten Erzählung eignet, stellt der Autor mit seinem Kommentar und dem Hinweis auf die Sabbatproblematik. Dieser Nachtrag und die Einführung der Pharisäer lässt die Leser aufhorchen, denn sie wissen, dass es bei einer solchen Konstellation ernst wird (vgl. Joh 5,9) – und mit diesem Wissen können sie die Reaktion der Leute verstehen, deren Motiv für die Überführung des Blindgeborenen zuvor nicht erklärt wurde. Die Behörde interessiert sich zunächst auch für das „Wie“ der Heilung und die telegrammstilartige Form der Antwort des Blindgeborenen genügt den Lesern, denn sie können die Antwort nun schon fast mitsprechen. Dennoch ist gerade dieser Wiederholungseffekt nicht unbeabsichtigt, denn er schärft dem Publikum einerseits die Realität des Wunders ein und weist zum anderen darauf hin, dass der Prozess von der Blindheit zum Sehendwerden einen entscheidenden Bestandteil der Identitätssuche darstellt. Die entstehende Spaltung zwischen den Pharisäern werden Leser unter dem Stichwort „gewohnte pharisäische Diskussionsarbeit“ abspeichern, sie werden dabei aber gewahr, dass die gesellschaftlichen Instanzen mit dem eigentlichen Problem nicht umgehen können. An dieser Spaltung wird eine wichtige Unterscheidung deutlich: Entweder man weiß, dass dieser Mensch von Gott ist, oder man muss mit der falschen Erkenntnis leben, dass er ein Sünder ist. Mit der regelrecht amü-

sant wirkenden Abschlusssequenz wird die Weiterentwicklung des Blindgeborenen immer deutlicher – und für den Leser die Linie aus der Rabbi-Anrede weiter fortgeführt und damit die Identifizierung der vorhandenen Wissensbestände erweitert.

Die Zeugen – Verrat an der eigenen Identität

Es liegt unmittelbar auf der Hand, dass auch die Eltern dazu eingesetzt werden, die Identität des Blindgeborenen näher zu identifizieren. Dabei bleibt der Wechsel in der Bezeichnung der Figurengruppe von „Pharisäer" zu „die Juden" nicht unbemerkt. Durch diese wohl bedachte Eröffnung wird der Leser aufgefordert, richtiges und falsches Verhalten hinsichtlich der gesuchten Identität zu unterscheiden. Entscheidend für die Kommunikationssituation ist die Rolle der Eltern, die in ihrem Beitrag andeuten, dass sie eigentlich mehr wissen, als sie zugestehen. Der Autor hält an dieser Stelle durch seinen ausführlichen Kommentar die erzählte Zeit an und nimmt sich Erzählzeit, um über den bisherigen Stand der Dinge zu reflektieren. Dabei erklärt er die ungenügend erscheinende Reaktion der Eltern mit dem Furchtmotiv und zeigt seinem Publikum damit an, dass nicht einmal die familiäre Beziehung imstande ist, das Wagnis aufzunehmen, gegen die Normalität vorzugehen. Der aufmerksame Leser kann am Ende dieser Szene wohl nur frustriert sein, denn offensichtlich hat auch diese Instanz auf dem Weg zum Alternativprogramm versagt.

Die letzte Diskussion – Vergleich der Identitäten

Im letzten Verhörgang wird noch einmal Normalerfahrung gesellschaftlicher Realität gegen alternatives Wissen ausgespielt. Auffällig ist dabei die bissige Ironie, mit der das Wissen des Blindgeborenen gegen das der Pharisäer gesetzt wird. Die offene und mutige Art des Blindgeborenen gibt ihm alle Sympathien des Publikums, denn er ist im Gegensatz zu seinen Eltern in der Lage, dem Druck der Behörde standzuhalten. In der Diskussion fällt der Eintrag der Figur des Mose auf: Dem Leser wird zunächst einmal die gemeinsame Wurzel der streitenden Parteien bewusst gemacht und der konstruierte Gegensatz ist als solcher nicht aufrechtzuerhalten. Der Autor bringt durch den Rückgriff auf diese Traditionsfigur des Judentums das kulturelle Gedächtnis ein, das für die hier gesuchte Identität entscheidend ist.

Der zweite Effekt, den der Autor in dieser Szene erzeugt, ist durch die doppelte destruktive Reaktion der Pharisäer beschrieben: Schmähung und Rauswurf. Der zunächst Reintegrierte nimmt seinen ursprünglichen Zustand wieder ein – und diesmal endgültig. Der Leser erkennt auch hier seine eigene Situation: Das Wissen, das ihn trägt, ist der gesellschaftlichen Normalität nicht zugänglich, er gehört selbst zu einer marginalisierten Gruppe.

Das Bekenntnis – Identität durch Glauben und Wissen

Interessant ist die Rollenzuordnung zu Beginn der Szene: Jesus erscheint hier als „Findender" und der Blindgeborene wird plötzlich zur gesuchten und gefundenen Person, eine Eigenschaft, die im Gesamtverlauf des Evangeliums ausschließlich der Figur Jesus zukommt. Dieses weisheitliche Gestaltungsprinzip, das bereits im Prolog angelegt ist, verwendet der Autor zur Inszenierung einer Distanzproblematik, deren Überwindung zum Entscheidungskriterium sowohl für die Figuren der erzählten Welt als auch für den Leser wird. Dass nun theologische Komponenten wie „Menschensohn", „Glaube" und „Herr" eingespielt werden, macht darauf aufmerksam, dass im Sinne der jüdischen Tradition der momentan offensichtlichen Gottferne ein alternativer Ansatz entgegengestellt wird – in den die Leser in vollem Umfang involviert sind.

Das Gericht – Die Richter werden zu Angeklagten

Dem geschulten Auge des Lesers fällt sofort der Begriff „Gericht" auf, der die vorangehenden Szenen zusammenfasst, wobei der gebräuchliche Gerichtsbegriff der Gesellschaft ad absurdum geführt wird. Die Antwort auf die ängstliche Frage der Pharisäer macht dem Leser ein Doppeltes deutlich: Zum einen wird die Frage der Jünger aus dem Lehrgespräch zu Beginn der Episode wieder aufgegriffen und die Pharisäer werden darauf hingewiesen, dass sie in ihrer bisherigen Normalität verharren müssen. Zum anderen steht für den Leser fest, dass seine eigene Position zwar durch einen gewissen elitären Status geprägt ist, dass aber gleichzeitig durch das Gericht sein Platz in der Welt nur eine bedrohte Nische sein kann. Kurz: In die Aufforderung, die Werke zu wirken, solange es Tag ist, sind nicht nur die Jünger und der Blindgeborene einbezogen, sondern auch der Leser ist in dieses „wir“ aus 9,4 integriert.

Das Buch Jona als Testfeld

Pragmatische Analyse

Untersuchen Sie anhand der Leitfragen zur Pragmatischen Analyse den Kommunikationsprozess im Jonabuch!

Anmerkungen zur Pragmatischen Analyse im Jonabuch

- Wie stellt sich die Ausgangssituation dar? Mit welchen Informationen startet der Leser in die Lektüre des Buches?
- Wie wird der Leser durch das Buch geführt?
- Wo finden sich Leerstellen im Text, wo der Leser aufgefordert wird, an Sinnkonstruktion aktiv mitzuarbeiten?
- Gibt es besondere sprachliche und stilistische Auffälligkeiten, die für die Lektüre des Buches wichtig sind?
- Welche Zeit- und Ortsangaben bieten sich dem Leser an, um Zugänge zu seiner eigenen Identität zu finden?
- Gibt es Figuren oder Figurengruppen, mit denen sich der Leser identifizieren kann?

Darüber hinaus ist für die pragmatische Dimension des Jonabuches interessant, während der Lektüre

„Vielleicht könnte auch darin der Sinn unserer Jonalektüre liegen, in einer Umkehr (nicht in einer Abkehr), einer Rückkehr aus der Schrift ins Leben" (Rüdiger Lux).

- die Entwicklung der Beziehung zwischen Jona und dem Herrn genau zu beobachten – vor allem die deutlichen Unterschiede im ersten und zweiten Teil des Buches;
- das Verhältnis zwischen Jona und den Seeleuten in den Blick zu nehmen;
- den Jonapsalm als Gebet ernst zu nehmen und ihn auf seine kommunikative Funktion innerhalb des Buches hin zu überprüfen;
- die äußert ironisch erzählte Auflehnung des Propheten gerade im zweiten Teil des Buches wahrzunehmen;
- den offenen Schluss des Buches als Herausforderung für den Leser zu sehen und die Frage zu stellen: Wie geht es weiter?

Auf den Punkt gebracht

In der pragmatischen Analyse findet die Auswertung der bisherigen Verfahrensweisen unter konsequenter Berücksichtigung der Autor-Leser-Kommunikation statt. Dieser Analyseschritt betrachtet den Text nun endgültig als Mittel der Kommunikation und funktionalisiert die bisherigen Ergebnisse im Blick auf ihre praktische Anwendbarkeit.

10 Die abschließende Interpretation

Ende gut, alles gut?

Das Ziel dieses finalen Arbeitsschrittes besteht darin, die Ergebnisse der durchgeführten Analysen zu bündeln und dabei den Text in all seinen Facetten möglichst umfassend wahrzunehmen und darzustellen. Interessant ist dabei auch der Rückblick und Abgleich mit der eigenen Spontananalyse zu Beginn des Methodenkanons.

Lesen Sie also Ihren Text noch einmal sehr aufmerksam und gehen Sie ihn Schritt für Schritt, Vers für Vers durch. Nehmen Sie auch die während der vorangehenden Analyseschritte entstandenen Notizen, Skizzen, Übersichten, Bilder mit dazu. Sie haben nach Ihrem ersten Lektürezugang den Text systematisch gelesen und dabei vier große Schritte getan: Mit der sprachlich-strukturellen Analyse sind Sie sehr intensiv in die Materialität des Textes eingestiegen, haben auf Wort-, Satz- und Textebene vorhandene Strukturen aufgedeckt, möglicherweise verwendete Stilmittel ausfindig gemacht und damit letztlich einen umfassenden Eindruck von der Struktur des Textes sowie vom besonderen Stil des Autors bekommen. Im zweiten Schritt haben Sie sich mit dem Bedeutungsuniversum Ihres Textes beschäftigt, Sie haben – so Sie denn einen Erzähltext ausgewählt hatten – die narrativen Strukturen ausfindig gemacht und sich hierbei die Erzählökonomie und die Rollen und Funktionen der eingesetzten Figuren näher angeschaut. Sodann haben Sie mit Hilfe der textsemantischen Analyse Sinnlinien und deren Beziehungen zueinander herausgestellt sowie die wichtigsten Begriffe und Wortverbindungen in der wortsemantischen Analyse auf ihre ursprüngliche Bedeutung und Verwendung hin abgeklopft. In der pragmatischen Analyse haben Sie Ihren Bibeltext unter der Perspektive der Kommunikation gelesen und darüber nachgedacht, warum dieser Text eigentlich lesenswert ist und welche Bedeutung er für eine entsprechende Adressatengruppe gehabt haben kann. All diese vielen Ergebnisse und Beobachtungen tragen aus ihrer jeweiligen Perspektive zum Gesamtverständnis des Textes bei.

Leitfragen zur Auswertung

- Welches Gesamtverständnis ergibt sich für den Text durch die Zusammenführung der Ergebnisse aus den einzelnen Methodenschritten?
- Welche Funktion hat der Text im Rahmen seiner Entstehungssituation? Welche Erkenntnisse lassen sich daraus für die Verwendung des Textes in heutigen Zusammenhängen ableiten?
- Welche Potenziale und Lösungsansätze eröffnet der Text, um Angebote für aktuelle Fragestellungen, Problemlagen, situative Herausforderungen zu machen?
- Nicht zuletzt: Werden Ihre persönlichen Fragen an den Text geklärt? Hat sich Ihr Vorverständnis durch die Analyse verändert? Haben Sie einen vertieften Zugang zu diesem Text entwickelt?

Textbeispiel Joh 9

Wer mit wem über was spricht

Die Episode Joh 9 beschreibt in unübertroffener Kunstfertigkeit die Geschichte um die Heilung des Blindgeborenen und die darin verborgene Problematik. Der Autor greift dabei nicht einfach auf vergangene Ereignisse zurück, sondern schafft sich und seinem Leser eine eigene autonome Textwelt, in der ein kommunikativer Prozess zustande kommt. Der Autor zeichnet sich in seinem Erzählstil durch seine auktoriale Allwissenheit aus, was übrigens nicht nur für die Geschichte vom Blindgeborenen, sondern für das gesamte Johannesevangelium gilt. In Joh 9 fallen diesbezüglich die Stellen auf, an denen er sich direkt in die erzählte Welt einschaltet. Er gibt seinem Leser durch Übersetzungsvorschläge (V. 7) und situative Hintergrundinformationen (V. 14.16.22) immer wieder wichtiges

Kommunikationsmaterial an die Hand. Der Leser ist auf diese Einschübe angewiesen, denn über diese Kommentare partizipiert er an der Weltsicht des Autors und findet seinen eigenen Standort. Der Leser wird in den Text hineingezogen, er muss die Leerstellen im Text füllen und auf diese Weise die inneren Zusammenhänge der Geschichte mitgestalten. Der Kommunikationsprozess, der sich zwischen Autor und Leser abspielt, behandelt die eigene Welt der Gruppe, die sich über diesen Text verständigt und die über diese Geschichte und auch über das gesamte Evangelium ihre eigene Identität (re)konstruiert. Das johanneische Schema der „Zeichensprache" scheint dabei eine fundamentale Rolle zu spielen. Die Vielzahl der eingesetzten Bilder und Motive sowie die ausgefeilte narrative Struktur machen deutlich, dass in Joh 9 dem gesellschaftlichen Normalfall ein alternatives Lösungsmodell gegenübergestellt wird. Das für dieses Modell notwendige Wissen ist ein vorborgenes, nicht allen zugängliches und hat gleichermaßen konstituierende wie abgrenzende Bedeutung. Wer zum Glauben an Jesus kommen will, muss sich auf einen Wechsel der sozialen Rahmenbedingungen einstellen – der Übergang in die Gruppe Jesu ist verbunden mit dem Verlassen der „Welt". Der Leser vollzieht also die Karriere des Blindgeborenen in seiner eigenen Realität schmerzhaft nach.

„Man wird Mitglied dieser Gemeinschaft, indem man dieses Buch liest und sich durch das Labyrinth seiner Kreuz- und Quer-Worträtsel hindurch als ein immer mehr verstehender Insider erweist" (Wolfgang Schenk).

Worum es überhaupt geht

Auf den Punkt gebracht, lautet die entscheidende Frage: Wie wird man eigentlich Christ? Die Geschichte vom Blindgeborenen gibt in mehrfacher Hinsicht Antwort. Wie im Johannesevangelium üblich, wird inhaltlich der Gegensatz von Dunkelheit und Licht, von Blindheit und Sehen aufgebaut. Als zentrales Ereignis fungiert die Begegnung mit Jesus. Und Jesus ergreift die Initiative: Er geht auf den Menschen zu und ermöglicht ihm durch seine Zuwendung die Möglichkeit, „das Licht der Welt zu erblicken". Ob wie im Fall dieser Geschichte zufällig oder möglicherweise auch aus einer Angebotsstruktur heraus: Die Begegnung mit Jesus bildet den zentralen Punkt. Das Motiv der Blindheit ist dann in der Zeichensprache des Johannesevangeliums im weitesten Sinne zu verstehen: Es geht nicht alleine um körperliche Versehrtheit, sondern um einen Zustand der Hilflosigkeit, des Alleinseins, des Ausgegrenztseins, der sozialen und seelischen Marginalisierung. Die Begegnung mit Jesus ermöglicht eine neue Sichtweise, ein neues Sehvermögen im tieferen, geistig-geistlichen Sinne.

„Johannes fordert damit seine Gemeinde auf, ebenso wie der Blindgeborene durch den Glauben auf Jesu heilendes Handeln zu reagieren. Wenn dies geschieht, öffnet Jesus nicht nur dem Blindgeborenen, sondern auch der Gemeinde die Augen" (Udo Schnelle).

Ist man erst einmal in Berührung mit Jesus gekommen, beginnt der Weg in die Gemeinschaft, auf dem sich noch einige Fragen ergeben und verschiedene Entwicklungsschritte zu durchlaufen sind. Das alternative Konzept unserer Geschichte besteht darin, dass es keinerlei Vorbedingungen für die Zulassung zur Gemeinschaft mit Jesus gibt. Vielmehr wird gezeigt, welche Reaktionen und Dynamiken eine erkennbare Begegnung mit Jesus auslösen kann. Die Umwelt reagiert skeptisch und sucht nach Gründen dafür, dass der Einstieg in die „Wir-Gruppe" unrechtmäßig und schädlich ist. Selbst die Familie bleibt zurückhaltend, obwohl sie durch die Weitergabe der Verantwortung eigentlich ein gutes Stück „Befreiung" ermöglicht.

Wie auch immer: Die angesprochene Person steigt immer tiefer in die Erfahrungswelt des Glaubens ein, wird Schritt für Schritt überzeugter, erwirbt mehr und mehr Hintergrundwissen und damit auch die notwendige Sprach- und Sprechfähigkeit, die schließlich zu Bekenntnis und Zeugnis führt. Der Einstig in den Glauben ist ein äußerst anspruchsvoller Weg. In der Begegnung mit Jesus tritt man an die Schwelle des Gottesreiches. Der Prozess der Neuorientierung und der Einstieg in die „Wir-Gruppe" führt letztlich zur eschatologischen Rettung.

Das Buch Jona als Testfeld

Abschließende Interpretation und Ausblick

Zum Ende Ihrer Lektüre des Jonabuches geht es nun noch einmal darum, alle Erkenntnisse der einzelnen Arbeitsschritte zusammenzutragen und zu einem abschließenden Votum zu kommen.

Anmerkungen zur Abschließenden Interpretation des Jona-Buches

- Das Jona-Buch ist ein Buch von Juden für Juden und vermittelt mit seinem lehrbuchartigen Charakter die Botschaft, dass nach entsprechender Buße Gottes Reue auch auf die Heiden übergehen kann.
- Das Jonabuch erzählt vom Anderswerden: Keine der eingesetzten Figuren oder Figurengruppen – auch nicht die des Herrn – kommt am Ende aus der Geschichte so heraus, wie sie hineingegangen ist.
- Die Form der Erzählung fällt besonders auf, weil sie im Bereich der Prophetenbücher in dieser Weise einzigartig ist. Sie ist aus didaktischen Gründen gewählt und möchte zu einer neuen Denkweise, zu einer inneren Selbstkorrektur des angesprochenen Adressatenkreises anregen.
- Das Jonabuch ist ein Meisterstück im Blick auf die literarische Umsetzung der Großzügigkeit und Weite sowie die Universalität der Gnade Gottes.
- Es geht darum, durch Umkehr zu einer neuen Kultur des Vertrauens zu gelangen.
- Das Buch endet offen. Am Ende sind wir als Leserinnen und Leser gefragt, uns selbst einzubringen und die Geschichte weiterzudenken, sie mit unserem Leben zu konfrontieren, sie weiterzuschreiben.

„Das Jonabuch stellt mit voller Wucht die Frage, ob der Gott Israels ein gerechter – und dann auch strafender – oder ob er ein liebender und barmherziger Gott ist. Und es gibt auch eine Antwort" (Rüdiger Lux).

Auf den Punkt gebracht

Mit der abschließenden Interpretation werden alle Erkenntnisse aus den bisherigen Methodenschritten zusammengefasst. Dabei geht es nicht um eine Wiederholung der Teilergebnisse, sondern um eine Auswertung und eine Formulierung des Gesamtverständnisses des biblischen Textes. Hier können durchaus auch persönliche Schlussfolgerungen und eine „Übersetzung“ in heutige Lebenszusammenhänge eine Rolle spielen.

11 Die Bücherkiste

Weiterführende Literatur zum Alten und Neuen Testament

Bibelausgaben in deutscher Sprache

- *Die Bibel. Einheitsübersetzung Altes und Neues Testament,* Freiburg i. Br. u. a. 2018.
- *Münchener Neues Testament,* 11. Auflage, Ostfildern 2016.
- *Neue Jerusalemer Bibel,* 16. Auflage, Freiburg i. Br. u. a. 2007.
- *Lutherbibel. Mit Apokryphen,* revidierte Auflage, Stuttgart 2017.
- *Stuttgarter Altes und Neues Testament,* hg. v. Christoph Dohmen und Michael Theobald, Stuttgart 2017.
- *Gute Nachricht Bibel,* Stuttgart 2018.
- *Bibel in gerechter Sprache,* Gütersloh 2006.
- *Bibel in leichter Sprache,* verschiedene Ausgaben: www.bibelwerk. de
- *Neue Genfer Bibel,* Genf 2009.
- *Elberfelder Bibel,* Wuppertal 2006.

Hinweis: Sie finden viele verschiedene Bibelausgaben online zugängig unter: www.die-bibel.de; www.bibelwissenschaft.de; www.bibelwerk.de (hier auch im Vergleich und mit hilfreichen Anmerkungen); www.bibelgesellschaft.de

Hilfsmittel zur Analyse biblischer Texte

Konkordanzen zur Bibel

- *Neue Konkordanz zur Einheitsübersetzung der Bibel*, hg. von F. J. Schierse, Düsseldorf 1996.
- *Stuttgarter Konkordanz zur Einheitsübersetzung*, hg. v. Michael Hartmann, Stuttgart 2009.

Synopsen zum Neuen Testament

- *Synopse zum Münchener Neuen Testament*, hg. v. Josef Hainz, Düsseldorf 1991.
- *Patmos Synopse. Übersetzung der wichtigsten synoptischen Texte mit Parallelen aus dem Johannesevangelium, den apokryphen Evangelien und der frühchristlichen Literatur*, hg. v. F. J. Schierse, Düsseldorf [18]1985.

Fachlexika zur Bibel

- *Calver Bibellexikon*, hg. v. Otto Betz, Stuttgart 2003.
- *Handbuch theologischer Grundbegriffe zum Alten und Neuen Testament (= HGANT)*, hg. v. Angelika Berlejung und Christian Frevel, Darmstadt [2]2009.
- *Herders neues Bibellexikon*, hg. v. Franz Kogler, Freiburg 2008.
- *Das kleine Handbuch zur Bibel*, hg. v. Karin Jeromin, Stuttgart 2014.
- *Münchener Theologisches Wörterbuch zum Neuen Testament*, hg. v. Josef Hainz und Alexander Sand, Düsseldorf 1997.

Bibelatlanten

- *Biblische Welten. Ein Bildatlas*, hg. v. Thomas Staubli, Stuttgart 2000.
- *Calver Bibelatlas*, hg. v. Wolfgang Zwickel, Stuttgart 2000.
- *Der große Atlas zur Welt der Bibel*, hg. v. Alan Millard und John H. Walton, Gießen 2017.

- *Herders Großer Bibelatlas,* hg. u. bearb. v. Othmar Keel und Max Küchler, Freiburg u. a. [3]1994.
- *Herders neuer Bibelatlas,* hg. v. Michael Ernst / Wolfgang Zwickel / Renate Egger-Wenzel, Freiburg 2013.

Digitale Medien

- *Das wissenschaftliche Bibellexikon im Internet (WiBiLex),* hg. v. M. Bauks und K. Koenen, http://wibilex.de
- *Der große elektronische Bibelatlas,* hg. v. Deutsche Bibelgesellschaft, Stuttgart 2008.
- *www.bibelserver.com*
- *www.bibelwissenschaft.de*
- *www.bibelwerk.de*
- *www.bibelgesellschaft.de*
- *Biblische Literaturdokumentation BILDI Innsbruck: https://www.uibk.ac.at/bildi/bildi/search/index.html.de*
- *Deutsche Bibelgesellschaft Stuttgart, Elektronische Studienbibel (SESB): http://sesb-online.de*

Bücher zum Thema „Bibel lesen und verstehen"

- *Bibel lesen – auf welche Weise?,* Bibel heute 162 (2005).
- *Bibel lesen in Gemeinschaft,* Bibel heute 178 (2009).
- Dorn, Klaus: *Basiswissen Bibel: Lesen und Verstehen,* Leiden 2017.
- Fischer, Georg: *Wege in die Bibel. Leitfaden zur Auslegung,* Stuttgart [2]2008.
- Imbach, Josef, *Lust auf die Bibel. Praxisorientierte Zugänge zur Heiligen Schrift,* Würzburg 2000.
- Leinhäupl, Andreas (Hg.): *Jetzt verstehe ich die Bibel,* Stuttgart 2010.
- Müller, Peter: *Verstehst du auch, was du liest? Lesen und Verstehen im Neuen Testament,* Darmstadt 1994.

- Niehl, Franz W.: *Bibel verstehen. Zugänge und Auslegungswege. Impulse für die Praxis der Bibelarbeit,* München 2006.
- Kähler, Christoph: *Ein Buch mit sieben Siegeln? Die Bibel verstehen und auslegen,* Leipzig 2016.
- Pohl-Patalong, Uta: *Bibel lesen. Die Kraft der heiligen Texte,* Freiburg 2010.
- Schambeck, Mirjam: *Biblische Facetten. 20 Schlüsseltexte für Schule und Gemeinde,* Ostfildern 2017.

Methodenlehren zur Bibel

- Egger, Wilhelm / Wick, Peter: *Methodenlehre zum Neuen Testament. Biblische Texte selbständig auslegen,* 6., völlig neu bearbeitete Auflage, Freiburg 2011.
- Erlemann, Kurt / Wagner, Thomas: *Leitfaden Exegese. Eine Einführung in die exegetischen Methoden für das BA- und Lehramtsstudium,* Tübingen 2013.
- Finnern, Sönke / Rüggemeier, Jan: *Methoden der neutestamentlichen Exegese. Ein Lehr- und Arbeitsbuch,* Tübingen 2016.
- Metzger, Paul / Risch, Markus: *Bibel auslegen. Exegese für Einsteiger,* Stuttgart 2010.
- Söding, Thomas / Münch, Christian: *Kleine Methodenlehre zum Neuen Testament,* Freiburg 2005.

Einführende Literatur zum Alten Testament

- Augustin, Matthias / Kegler, Jürgen: *Bibelkunde des Alten Testaments. Ein Arbeitsbuch,* 4., überarbeitete Auflage, Saarbrücken 2012.
- Bormann, Lukas: *Bibelkunde. Altes und Neues Testament,* 5., durchgesehene Auflage, Stuttgart 2014.
- Dietrich, Walter u. a.: *Die Entstehung des Alten Testaments,* Stuttgart 2014.

- Gertz, Jan Christian (Hg.): *Grundinformation Altes Testament. Eine Einführung in Literatur, Religion und Geschichte des Alten Testaments,* 5., überarbeitete und erweiterte Auflage, Göttingen 2016.
- Mommer, Peter: *Einführung in das Alte Testament,* Berlin 2015.
- Rösel, Martin: *Bibelkunde des Alten Testaments. Die kanonistischen und apokryphen Schriften. Mit Lernübersichten von Dirk Schwiderski,* 6., vollständig überarbeitete Auflage, Neukirchen-Vluyn 2008.
- Schmitt, Hans-Christoph: *Arbeitsbuch zum Alten Testament. Grundzüge der Geschichte Israels und der alttestamentlichen Schriften,* 3., durchgesehene Auflage, Göttingen 2011.
- Zenger, Erich u. a.: *Einleitung in das Alte Testament,* herausgegeben von Christian Frevel, 9., aktualisierte Auflage, Stuttgart 2016.

Einführende Literatur zum Neuen Testament

- Bienert, David: *Bibelkunde des Neuen Testaments,* Gütersloh 2010.
- Broer, Ingo / Weidemann, Hans-Ulrich: *Einleitung in das Neue Testament,* 4., erneut überarbeitete Auflage, Würzburg 2016.
- Dorn, Klaus: Basiswissen Bibel: *Das Neue Testament,* Leiden 2015.
- Ebner, Martin / Schreiber, Stefan (Hgg.): *Einleitung in das Neue Testament, 2., durchgesehene und aktualisierte Auflage,* Stuttgart 2013.
- Kollmann, Bernd: *Einführung in die neutestamentliche Zeitgeschichte,* Darmstadt 2006.
- Niebuhr, Karl-Wilhelm (Hg.): *Grundinformation Neues Testament. Eine bibelkundlich-theologische Einführung,* Göttingen ^{4}2011.
- Schnelle, Udo: *Einleitung in das Neue Testament,* 9., durchgesehene Auflage, Göttingen 2017.
- Schreiber, Stefan: *Begleiter durch das Neue Testament,* Ostfildern 2018.

Kommentarreihen zum Alten Testament

- *Handbuch zum Alten Testament,* hg. v. Jan Christian Gertz und Reinhard Müller, Tübingen.
- *Herders Theologischer Kommentar zum Alten Testament,* hg. v. Ulrich Berges u. a., Freiburg u. a.
- *Neue Echter Bibel - Kommentar zum Alten Testament,* hg. v. Josef G. Plöger und Josef Schreiner, Würzburg.
- *Neuer Stuttgarter Kommentar zum Alten Testament,* hg. v. Christoph Dohmen, Stuttgart.

Kommentarreihen zum Neuen Testament

- *Evangelisch-Katholischer Kommentar zum Neuen Testament,* hg. v. Josef Blank u. a., Stuttgart.
- *Handbuch zum Neuen Testament,* hg. v. Andreas Lindemann, Tübingen.
- *Herders Theologischer Kommentar zum Neuen Testament,* hg. v. Joachim Gnilka u. a., Freiburg.
- *Stuttgarter Kleiner Kommentar – Neues Testament,* hg. v. Paul-Gerhard Müller, Stuttgart.

Grundlegende Literatur zum Johannesevangelium

- Anikar, Magdalena: *Nachfolge und Konflikt. Das Drama um Jesus in Joh 9,* Berlin 2013.
- *Das Johannesevangelium,* Bibel heute 187 (2011).
- Ernst, Josef; *Johannes – ein theologisches Portrait,* Düsseldorf 1991.
- Frey, Jörg / Poplutz, Uta (Hg.): *Narrativität und Theologie im Johannesevangelium,* Stuttgart 2012.
- *Jesus begegnen. Begegnungsgeschichten aus dem Johannesevangelium,* hg. v. Katholischen Bibelwerk, Stuttgart u. a. 1992.
- Kügler, Joachim: *Eine wortgewaltige Jesusdarstellung. Das Johannesevangelium,* Stuttgart 2012.
- Schenke, Ludger: *Johannes. Kommentar,* Düsseldorf 1998.

- Schenke, Ludger: *Das Johannesevangelium. Einführung – Text – dramatische Gestalt,* Stuttgart u. a. 1992.
- Schenke, Ludger: *Das Johannesevangelium. Vom Wohnen Gottes unter uns,* Freiburg 2018.
- Schnelle, Udo: *Das Evangelium nach Johannes, Theologischer Handkommentar zum Neuen Testament,* Band 4, 5., neu bearbeitete Auflage, Leipzig 2016.
- Schnackenburg, Rudolf: *Das Johannesevangelium, Herders Theologischer Kommentar zum Neuen Testament,* Bände 1–4, Darmstadt 2014 (= Lizenzausgabe WBG).
- Söding, Thomas: *Johannesevangelium – Mitte oder Rand des Kanons? Neue Standortbestimmungen,* Freiburg i. Br. u. a. 2003.
- Welck, Christian: *Erzählte Zeichen. Die Wundergeschichten des Johannesevangeliums literarisch untersucht. Mit einem Ausblick auf Joh 2,* Tübingen 1994.
- Wengst, Klaus: *Das Johannesevangelium, Theologischer Kommentar zum Neuen Testament,* Band 4/1–2, Stuttgart ^{2}2004.
- Zeilinger, Franz: *Die sieben Zeichenhandlungen Jesu im Johannesevangelium,* Stuttgart 2011.

Grundlegende Literatur zum Buch Jona

- Fischer, Irmtraud: *Jona,* Stuttgart 2016.
- Frieling, Simone: *Der rebellische Prophet. Jona in der modernen Literatur,* Göttingen 1999.
- Golka, Friedemann: *Jona,* Stuttgart 1991.
- Gerhards, Maik: *Studien zum Jonabuch,* Göttingen 2006.
- Schwarz, Andrea: *Propheten sind wir alle. Die Botschaft des Buches Jona,* Freiburg 2008.
- Simon, Uriel: *Jona. Ein jüdischer Kommentar,* Stuttgart 1994.
- Struppe, Ursula: *Die Bücher Obadja und Jona,* Stuttgart 1996.

- Weber, Beat: *Jona. Der widerspenstige Prophet und der gnädige Gott*, Leipzig 2012.
- Weimar, Peter: *Eine Geschichte voller Überraschungen: Annäherungen an die Jonaerzählung*, Stuttgart 2009.
- Ders.: *Jona, übersetzt und ausgelegt von Peter Weimar*, Freiburg i. Br. u. a. 2017.
- Wick, Peter: *Jona. Ein Freundschaftsdrama zwischen Gott und seinem Propheten zugunsten der Menschheit*, Bielefeld 2015.

12 Anhang
Segmentierte Textfassungen

Die Heilung des Blindgeborenen (Joh 9,1–41)

Szene 1

[1] Unterwegs sah Jesus einen Mann, der seit seiner Geburt blind war.

[2] Da fragten ihn seine Jünger:
„Rabbi, wer hat gesündigt?
Er selbst oder seine Eltern, sodass er blind geboren wurde?“

[3] Jesus antwortete:
„Weder er noch seine Eltern haben gesündigt,
sondern die Werke Gottes sollen an ihm offenbar werden.
[4] Wir müssen, solange es Tag ist, die Werke dessen vollbringen,
der mich gesandt hat;
es kommt die Nacht, in der niemand mehr wirken kann.
[5] Solange ich in der Welt bin, bin ich das Licht der Welt.“

Szene 2

[6] Als er dies gesagt hatte, spuckte er auf die Erde;
dann machte er mit dem Speichel einen Teig,
strich ihn dem Blinden auf die Augen
[7] und sagte zu ihm:
„Geh und wasch dich in dem Teich Schiloach!
das heißt übersetzt: Der Gesandte.

Der Mann ging fort
und wusch sich.
Und als er zurückkam, konnte er sehen.

Szene 3

8 Die Nachbarn und jene, die ihn früher als Bettler gesehen hatten, sagten:
„Ist das nicht der Mann, der dasaß und bettelte?“

9 Einige sagten:
„Er ist es.“

Andere sagten:
„Nein, er sieht ihm nur ähnlich.“

Er selbst aber sagte:
„Ich bin es.“

10 Da fragten sie ihn:
„Wie sind deine Augen geöffnet worden?“

11 Er antwortete:
„Der Mann, der Jesus heißt, machte einen Teig,
bestrich damit meine Augen
und sagte zu mir:
Geh zum Schiloach und wasch dich!
Ich ging hin,
wusch mich
und konnte sehen.“

12 Sie fragten ihn:
„Wo ist er?“

Er sagte:
„Ich weiß es nicht."

Szene 4

[13] Da brachten sie den Mann, der blind gewesen war, zu den Pharisäern.

[14] Es war aber Sabbat an dem Tag, als Jesus den Teig gemacht und ihm die Augen geöffnet hatte.

[15] Auch die Pharisäer fragten ihn, wie er sehend geworden sei.

Der Mann antwortete ihnen:
„Er legte mir einen Teig auf die Augen;
dann wusch ich mich
und jetzt sehe ich."

[16] Einige der Pharisäer meinten:
„Dieser Mensch ist nicht von Gott, weil er den Sabbat nicht hält."

Andere aber sagten:
„Wie kann ein sündiger Mensch solche Zeichen tun?"

So entstand eine Spaltung unter ihnen.

[17] Da fragten sie den Blinden noch einmal:
„Was sagst du selbst über ihn?
Er hat doch deine Augen geöffnet."

Der Mann antwortete:
„Er ist ein Prophet."

Szene 5

[18] Die Juden aber wollten nicht glauben, dass er blind gewesen und
sehend geworden war.
Daher riefen sie die Eltern des von der Blindheit Geheilten
[19] und fragten sie:

> „Ist das euer Sohn, von dem ihr sagt, dass er blind geboren wurde?
> Wie kommt es, dass er jetzt sieht?“

[20] Seine Eltern antworteten:

> „Wir wissen, dass er unser Sohn ist und dass er blind geboren wurde.
> [21] Wie es kommt, dass er jetzt sieht, das wissen wir nicht.
> Und wer seine Augen geöffnet hat, das wissen wir auch nicht.
> Fragt doch ihn selbst, er ist alt genug und kann selbst für sich sprechen.“

22 Das sagten seine Eltern, weil sie sich vor den Juden fürchteten; denn die Juden hatten schon beschlossen, jeden, der ihn als den Messias bekenne, aus der Synagoge auszustoßen.
[23] Deswegen sagten seine Eltern: Er ist alt genug, fragt ihn selbst.“

Szene 6

[24] Da riefen die Pharisäer den Mann, der blind gewesen war, zum zweiten Mal und sagten zu ihm:

> „Gib Gott die Ehre!
> Wir wissen, dass dieser Mensch ein Sünder ist.“

[25] Er antwortete:

> „Ob er ein Sünder ist, weiß ich nicht.
> Nur das eine weiß ich, dass ich blind war und jetzt sehe.“

[26] Sie fragten ihn:

> „Was hat er mit dir gemacht?
> Wie hat er deine Augen geöffnet?“

[27] Er antwortete ihnen:
„Ich habe es euch bereits gesagt, aber ihr habt nicht gehört.
Warum wollt ihr es noch einmal hören?
Wollt etwa auch ihr seine Jünger werden?“

[28] Da beschimpften sie ihn:
„Du bist ein Jünger dieses Menschen;
wir aber sind Jünger des Mose.
[29] Wir wissen, dass zu Mose Gott gesprochen hat;
aber von dem da wissen wir nicht, woher er kommt.“

[30] Der Mensch antwortete ihnen:
„Darin liegt ja das Erstaunliche, dass ihr nicht wisst, woher er kommt;
dabei hat er doch meine Augen geöffnet.
[31] Wir wissen, dass Gott Sünder nicht erhört;
wer aber Gott fürchtet und seinen Willen tut, den erhört er.
[32] Noch nie hat man gehört, dass jemand die Augen eines
Blindgeborenen geöffnet hat.
[33] Wenn dieser Mensch nicht von Gott wäre, dann hätte er
gewiss nichts ausrichten können.“

[34] Sie entgegneten ihm:
„Du bist ganz und gar in Sünden geboren
und du willst uns belehren?“
Und sie stießen ihn hinaus.

Szene 7

[35] Jesus hörte, dass sie ihn hinausgestoßen hatten,
und als er ihn traf, sagte er zu ihm:
„Glaubst du an den Menschensohn?“

[36] Der Mann antwortete:
„Wer ist das, Herr, damit ich an ihn glaube?“

37 Jesus sagte zu ihm:
„Du hast ihn bereits gesehen;
er, der mit dir redet, ist es."

38 Er aber sagte:
„Ich glaube, Herr!"
Und er warf sich vor ihm nieder.

39 Da sprach Jesus:
„Um zu richten, bin ich in diese Welt gekommen:
damit die nicht Sehenden sehen und die Sehenden blind werden."

Szene 8

40 Einige Pharisäer, die bei ihm waren, hörten dies.
Und sie fragten ihn:
„Sind etwa auch wir blind?"

41 Jesus sagte ihnen:
„Wenn ihr blind wärt, hättet ihr keine Sünde.
Jetzt aber sagt ihr: Wir sehen.
Darum bleibt eure Sünde."

Das Buch Jona

Kapitel 1

1 Das Wort des HERRN erging an Jona, den Sohn Amittais:
2 Mach dich auf den Weg
und geh nach Ninive, der großen Stadt,
und rufe über sie aus, dass ihre Schlechtigkeit zu mir heraufgedrungen ist.

3 Jona machte sich auf den Weg;
doch er wollte nach Tarschisch fliehen, weit weg vom HERRN.
Er ging also nach Jafo hinab
und fand dort ein Schiff, das nach Tarschisch fuhr.
Er bezahlte das Fahrgeld und ging an Bord, um nach Tarschisch mitzufahren, weit weg vom HERRN.

4 Der HERR aber warf einen großen Wind auf das Meer

und es entstand ein gewaltiger Seesturm

und das Schiff drohte auseinanderzubrechen.

5 Da gerieten die Seeleute in Furcht
und jeder schrie zu seinem Gott um Hilfe.
Sie warfen sogar die Ladung ins Meer, damit das Schiff leichter wurde.

Jona war in den untersten Raum des Schiffes hinabgestiegen,
hatte sich hingelegt
und schlief fest.

[6] Der Kapitän ging zu ihm und sagte:
Wie kannst du schlafen?
Steh auf,
ruf deinen Gott an;
vielleicht denkt dieser Gott an uns, sodass wir nicht untergehen.

[7] Dann sagten sie zueinander:
Kommt, wir wollen das Los werfen, um zu erfahren,
wer an diesem unserem Unheil schuld ist.
Sie warfen das Los
und es fiel auf Jona.

[8] Da fragten sie ihn:
Sag uns doch, weshalb dieses Unheil über uns gekommen ist.
Was treibst du für ein Gewerbe und woher kommst du,
was ist dein Land und aus welchem Volk bist du?

[8] Er antwortete ihnen:
Ich bin ein Hebräer und verehre den HERRN, den Gott des Himmels,
der das Meer und das Festland gemacht hat.

[10] Da gerieten die Männer in große Furcht
und sagten zu ihm:
Was hast du da getan?

Denn die Männer erkannten, dass er vor dem HERRN auf der Flucht war,
wie er es ihnen mitgeteilt hatte.

[11] Und sie sagten zu ihm:
Was sollen wir mit dir machen, damit das Meer sich beruhigt
und uns verschont?

Denn das Meer wurde immer stürmischer.

[12] Jona antwortete ihnen:

Nehmt mich und werft mich ins Meer, damit das Meer sich beruhigt und euch verschont! Denn ich weiß, dass dieser gewaltige Sturm durch meine Schuld über euch gekommen ist.

[13] Die Männer aber ruderten mit aller Kraft, um wieder an Land zu kommen; doch sie richteten nichts aus, denn das Meer stürmte immer heftiger gegen sie an.

[14] Da riefen sie zum HERRN:

Ach HERR, lass uns nicht untergehen wegen dieses Mannes und rechne uns, was wir jetzt tun, nicht als Vergehen an unschuldigem Blut an! Fürwahr, wie du wolltest, HERR, so hast du gehandelt.

[15] Dann nahmen sie Jona
und warfen ihn ins Meer

und das Meer hörte auf zu toben.

[16] Da gerieten die Männer in große Furcht vor dem HERRN
und sie schlachteten für den HERRN ein Opfer
und machten ihm Gelübde.

Kapitel 2

[1] Der HERR aber schickte einen großen Fisch, dass er Jona verschlinge.

Jona war drei Tage und drei Nächte im Bauch des Fisches.

[2] Da betete Jona zum HERRN, seinem Gott, aus dem Inneren des Fisches heraus:

[3] In meiner Not rief ich zum HERRN
und er erhörte mich.
Aus dem Leib der Unterwelt schrie ich um Hilfe
und du hörtest meine Stimme.

4 Du hast mich in die Tiefe geworfen, in das Herz der Meere;
mich umschlossen die Fluten, all deine Wellen und Wogen
schlugen über mir zusammen.
5 Ich sagte:
Ich bin verstoßen aus deiner Nähe.
Wie kann ich jemals wiedersehen deinen heiligen Tempel?
6 Das Wasser reichte mir bis an die Kehle,
die Urflut umschloss mich;
Schilfgras umschlang meinen Kopf.
7 Bis zu den Wurzeln der Berge bin ich hinabgestiegen in das Land,
dessen Riegel hinter mir geschlossen waren auf ewig.
Doch du holtest mich lebendig aus dem Grab herauf, HERR, mein Gott.
8 Als meine Seele in mir verzagte, gedachte ich des HERRN
und mein Gebet drang zu dir, zu deinem heiligen Tempel.
9 Die nichtige Götzen verehren, verlassen den, der ihnen Gutes tut.
10 Ich aber will dir opfern und laut dein Lob verkünden.
Was ich gelobt habe, will ich erfüllen.
Vom HERRN kommt die Rettung.

11 Da befahl der HERR dem Fisch

und dieser spie den Jona an Land.

Kapitel 3

1 Das Wort des HERRN erging zum zweiten Mal an Jona:
2 Mach dich auf den Weg
und geh nach Ninive, der großen Stadt,
und rufe ihr all das zu, was ich dir sagen werde!

3 Jona machte sich auf den Weg
und ging nach Ninive, wie der HERR es ihm befohlen hatte.

Ninive war eine große Stadt vor Gott; man brauchte drei Tage, um sie zu durchqueren.

4 Jona begann, in die Stadt hineinzugehen;
er ging einen Tag lang
und rief:
Noch vierzig Tage und Ninive ist zerstört!

5 Und die Leute von Ninive glaubten Gott.
Sie riefen ein Fasten aus
und alle, Groß und Klein, zogen Bußgewänder an.

6 Als die Nachricht davon den König von Ninive erreichte,
stand er von seinem Thron auf,
legte seinen Königsmantel ab,
hüllte sich in ein Bußgewand
und setzte sich in die Asche.
7 Er ließ in Ninive ausrufen:
Befehl des Königs und seiner Großen:
Alle Menschen und Tiere, Rinder, Schafe und Ziegen,
sollen nichts essen, nicht weiden und kein Wasser trinken.
8 Sie sollen sich in Bußgewänder hüllen, Menschen und Tiere.
Sie sollen mit aller Kraft zu Gott rufen
und jeder soll umkehren von seinem bösen Weg
und von der Gewalt, die an seinen Händen klebt.
9 Wer weiß, vielleicht kehrt er um und es reut Gott
und er lässt ab von seinem glühenden Zorn,
sodass wir nicht zugrunde gehen.

10 Und Gott sah ihr Verhalten;
er sah, dass sie umkehrten und sich von ihren bösen Taten abwandten.
Da reute Gott das Unheil, das er ihnen angedroht hatte,
und er tat es nicht.

Kapitel 4

1 Das missfiel Jona ganz und gar
und er wurde zornig.
2 Er betete zum HERRN
und sagte:

Ach HERR, habe ich das nicht schon gesagt, als ich noch daheim war?
Eben darum wollte ich ja nach Tarschisch fliehen;
denn ich wusste, dass du ein gnädiger und barmherziger Gott bist,
langmütig und reich an Huld und dass deine Drohungen dich reuen.
3 Darum, HERR, nimm doch nun mein Leben von mir!
Denn es ist besser für mich zu sterben als zu leben.

4 Da erwiderte der HERR:

Ist es recht von dir, zornig zu sein?

5 Da verließ Jona die Stadt
und setzte sich östlich vor der Stadt nieder.
Er machte sich dort ein Laubdach
und setzte sich in seinen Schatten, um abzuwarten, was mit der Stadt geschah.

6 Da ließ Gott, der HERR, einen Rizinusstrauch über Jona emporwachsen, der seinem Kopf Schatten geben und seinen Ärger vertreiben sollte.

Jona freute sich sehr über den Rizinusstrauch.

7 Als aber am nächsten Tag die Morgenröte heraufzog, schickte Gott
einen Wurm, der den Rizinusstrauch annagte, sodass er verdorrte.
8 Und als die Sonne aufging, schickte Gott einen heißen Ostwind.

Die Sonne stach Jona auf den Kopf, sodass er fast ohnmächtig wurde.

Da wünschte er zu sterben
und sagte:
Es ist besser für mich zu sterben als zu leben.

9 Gott aber sagte zu Jona:
Ist es recht von dir, wegen des Rizinusstrauches zornig zu sein?

Er antwortete:
Ja, es ist recht, dass ich zornig bin und mir den Tod wünsche.

10 Darauf sagte der HERR:
Du hast Mitleid mit einem Rizinusstrauch, für den du nicht gearbeitet
und den du nicht großgezogen hast.
Über Nacht war er da, über Nacht ist er eingegangen.
11 Soll ich da nicht Mitleid haben mit Ninive, der großen Stadt,
in der mehr als hundertzwanzigtausend Menschen leben,
die zwischen rechts und links nicht unterscheiden können –
und außerdem so viel Vieh?

Beziehungen und Bewegungen im Jona-Buch

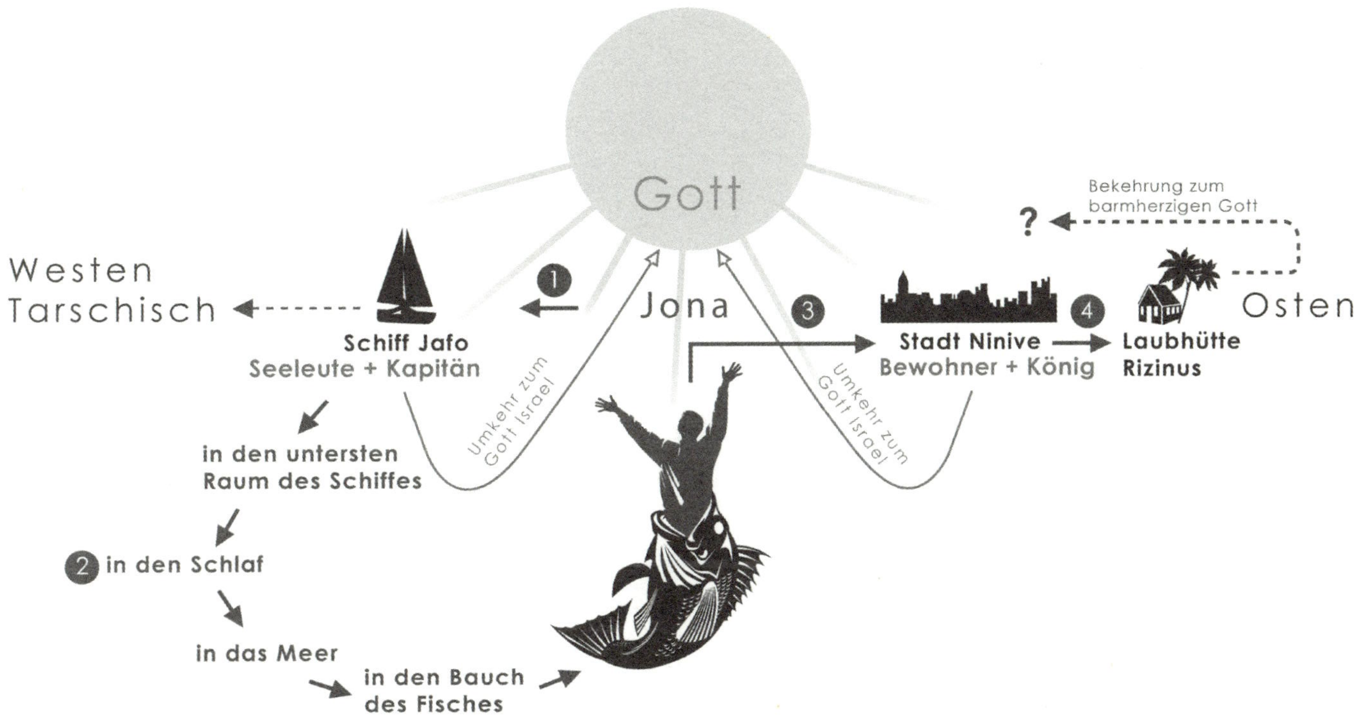

Aus: Jona, Bibel heute 176 (2008).

Notizen

....

....

....

....

....

....

....

....

....

....

....

....

....

....

....

....

Notizen

Notizen

Der revidierte Stuttgarter Kommentar

Christoph Dohmen (Hrsg.)

Stuttgarter Altes Testament

Kommentierte Studienausgabe.

18 x 24 cm; 1.184 Seiten und 1.050 Seiten;
je 2 Lesebänder; zweifarbig mit Schmuckfarbe rot; Leinen
ISBN 978-3-460-44027-2 | **€ [D] 88,00 / € [A] 90,50**

Michael Theobald (Hrsg.)

Stuttgarter Neues Testament

Kommentierte Studienausgabe.

18 x 24 cm; 912 Seiten, 9 Karten; zweifarbig
mit Schmuckfarbe rot; 2 Lesebänder; Leinen

ISBN 978-3-460-44028-9 | **€ [D] 49,00 / € [A] 50,40**

Jürgen Werlitz (Hrsg.)

Lexikon zum Stuttgarter Alten/Neuen Testament

Kommentierte Studienausgabe.

18 x 24 cm; 484 Seiten; zweifarbig
mit Schmuckfarbe rot; 16 Seiten farb. Landkarten;
2 Lesebänder; Leinen

ISBN 978-3-460-44029-6 | **€ [D] 24,00 / € [A] 24,70**

Auch als attraktives Gesamtpaket

ISBN 978-3-460-44072-2 | **€ [D] 149,00 / € [A] 153,20**

1. Auflage 2019

Umschlaggestaltung: Grafikhelden Design Studio, Herrenberg
Satz: wunderlichundweigand, Schwäbisch Hall
Hersteller gemäß ProdSG:
Druck und Bindung: Finidr s.r.o., Lípová 1965,
737 01 Český Těšín, Czech Republic
Verlag: Verlag Katholisches Bibelwerk GmbH,
Silberburgstraße 121, 70176 Stuttgart

www.bibelwerk.de

ISBN 978-3-460-25252-3
Auch als E-Book erhältlich unter ISBN 978-3-460-51078-4